# 누구나 **부자**가 될 수 있다

# 누구나**부자**가될수있다

후지다 덴 지음
주태길 옮김

백만문화사

옮긴이 **주태길**

옮긴이 주태길은 경남 진주에서 출생. 성균관대학교를 졸업하였다. (주)학원사
에서 다년간 근무하였으며 「월간농경과 원예」를 경영하였다. 역서로는 「격추
(대한항공기 사건)」, 「10살 젊어지는 리듬 컨트롤」, 「딸에게 보내는 25통의 편
지」등 다수가 있다.


# 누구나 부자가 될 수 있다

1판 1쇄 발행 | 1991. 11. 20
1판 7쇄 발행 | 2001. 4. 20
개정1판 1쇄 발행 | 2005. 11. 20
개정1판 2쇄 발행 | 2011. 1. 5

지은이 | 후지다 덴
엮은이 | 주태길
펴낸이 | 이현순

펴낸곳 | 백만문화사
서울특별시 마포구 망원2동 422-2 (121-232)
대표전화 (02)325-5176 | 팩시밀리 (02)323-7633
등록 | 1996년 1월 22일 제10-1245호
e-mail : bmbooks@naver.com
홈페이지 : http://bmbooks.com.ne.kr
Translation Copyright ⓒ 1991 by BAEKMAN Publishing Co.
Printed & Manufactures in Seoul Korea

ISBN 89-85382-71-3
값 9,000원

*잘못된 책은 바꾸어 드립니다.

# 유대인의 돈버는 전략

'기브 앤 테이크'를 최초로 말한 것은 그리스도이다. 역시 그리스도는 유대인이나 유대 상인(商人)은 아니다. 우리들은 장사도 '기브 앤 테이크'로 하는 것으로 착각하고 있다.

유대 상인은 기브를 아예 없애버렸다.

그들의 모토는 '테이크 앤 애스크 포 모어'(Take and ask for more)이다.

즉 테이크하고 또 테이크하라는 것이다. 이렇게 하면 반드시 번다.

유대 상인들이 더욱 테이크하고 손을 내면, 이쪽에서도 사양하지 말고 테이크 테이크 테이크해야 맞겨룰 수 있는 것이다. 국제 경제전쟁(國際經濟戰爭)에서 호각(互角)으로 경쟁하기 위해서는 곧바로 우리 나름의 장사 감각을 집어던져야 할 것이다.

이 책은 유대인으로 하여금 유대 상인보다 굉장한 사람이라고 말하는 일본 동경 '긴좌의 유대인'이 몸으로 실천한 돈벌이 전략의 모든 것이다.

후지다 덴

### ●●● 제4장 인플레에 이기는 머리의 회전

●●● **제7장 긴좌의 유대인의 돌격 신호**

제 1 장

# 현금을 쥐는 나의 방법

# 긴좌에서 세운 매출 세계 신기록

나는 <유대 상법(商法)>을 발간한 직후에 상상할 수 없을 만큼 많은 독자들로부터 편지 공세를 받고 안절부절해 버렸다.

나는 <유대 상법>의 마지막 장에서 아주 간단하게 그 당시 내가 처음 시작했던 맥도날드 햄버거에 대하여 언급했었는데 대부분의 편지가 이 햄버거에 관한 것이었다.

새 점포의 개설, 유럽에의 출장, 유대인과의 상담 등과 같은 바쁜 스케줄의 틈을 이용하여 편지에 대한 회답을 쓰곤 했는데 그 사이에도 독자로부터 편지 수가 증가될 뿐이었다.

<유대 상법>에서는 매우 조심스럽게 맥도날드 햄버거에 대해 언급한 것이었으나 이번에는 나의 장사 이야기부터 시작하기로 하자.

만약 독자중에 돈 버는 것이 싫다면 햄버거를 보기도 싫다면 이 장은 넘겨버려도 괜찮다.

나는 1971년 7월 20일에 긴좌의 미쓰고시(三超) 1층에 맥도날드 햄버거 1호점을 오픈했다. 그후 점포 수는 착실히 증가되어 현재는 전국에 37개점으로 늘어났다.

더욱이 나는 이 정도에서 만족하는 것이 아니라, 1974년 중에는 그 수를 100개로 늘리고 1975년에는 200개, 연매출 300억 엔의 일본 제1의 레스토랑 체인을 형성할 계획이다.

다행히 <유대 상법>을 읽은 전국 각지의 우수한 청년과 탈샐러리 희망자가 속속 협력을 신청해 오고 있으므로 인재(人材)에는 구애받지 않았다.

긴좌 미쓰고시 1호점은 개점 1주년을 맞고, 얼마 안 되는 1972년 10월 1일과 10월 8일에 1일 매출 222만 엔을 기록하여, 1점포 1일 매출 세계 기록을 갱신했다.

종래의 기록은 햄버거의 본가(本家)인 미국 미네소타주에 있는 햄버거 레스토랑이 세운 209만 엔이었다.

더욱이 그와 같은 미국의 209만 엔이란 기록은 17년이란 역사와 연간 140억 엔에 이르는 선전비를 TV에 투입한 결과 수립된 것이다. 그런데 나는 빵으로 식사하는 습관이 되어 있지 않은 일본에서 TV 선전비도 들이지 않고 더욱이 개점 후, 1년 수개월이란 짧은 기간에 이 세계 신기록을 세운 것이다.

또 덧붙여 말하면 미네소타주의 햄버거 레스토랑은 12시간 영업으로 209만 엔을 올렸으나 나의 222만 엔은 그보다 2시간이 적은 10시간의 영업 시간으로 올린 기록이다.

그리고 8개월 후에 그와 같은 대기록을 나는 스스로의 힘으로 갱신했다.

1973년 6월 10일, 그 긴좌의 미쓰고시 1호점이 실로 매출 293만 엔이란 공전의 대기록을 수립한 것이다. 이에 앞서 TV의 상업 광고를 개시한 것도 대기록을 세운 하나의 원인이었는지도 모르지만 그렇다고 하더라도 대단한 기록임에는 틀림없다.

본가인 미국의 맥도날드도 그 대기록에 깜짝 놀랐다. 그때부터 본가에서 톱클래스가 시찰하기 위해 줄을 이어 일본으로 찾아들었다.

나의 성공에는 여러 가지 원인이 있다. 유대 상인(商人)에 있어서의 상품은 '여자(女子)와 입(口)' 밖에 없다고 했는데 그 하나인 입을 겨냥한 것도 성공한 큰 이유의 하나이다.

세계 기록을 탄생시킨 데에는 이 외에도 중요한 요인이 몇 가지가 있다. 그것을 공개하는 것은 유대인 상법의 진수(眞髓)를 들추는 일이 되며, 극비로 되어 있는 맥도날드 상법을 공개하는 일이 되지만, 나는 풍요로운 일본의 출현을 바라면서 이에 이 책으로 그것을 공개하기로 한다.

이 책을 당신의 재산 형성에 크게 활용해 주기 바란다.

# 2

# 벌 수 있는 장소를 결정하는 법

'로케이션'이란 말이 있다. 영화의 야외 촬영으로 종종 사용되기 때문에 로케이션이란 말은 '야외 촬영'이란 영화 전문 용어라고 생각하고 있는 사람이 많으나 본래의 뜻은 '장소 선정'이다.

유대인의 상법에서는 그 '로케이션 장소 선정'을 매우 중요시한다. 일본의 상인이 염원하는 긴좌에 진출하는 경우, 10명 중 9명이 '긴좌에만 나가게 되면 어디든지 상관없다'고 하는 생각을 하게 된다. 실로 유유한 생각이다. 그런데 그것이 엄청난 잘못인 것이다.

긴좌에도 '장사가 되는 장소' 즉 '벌 수 있는 장소'와 그렇지 않은 장소가 있다. 그리고 벌 수 있는 장소와 벌이가 안 되는 장소는 10미터만 떨어져 있어도 큰 차이가 있다.

예를 들면, 나는 긴좌 미쓰고시의 국도 1호선, 소위 긴좌통에 면한 장소에 햄버거 점포를 냈으나, 만약 그 점포를 긴좌 미쓰고시의 뒤편에 냈었더라면 그렇게 되지 않았을 것이다. 긴좌 미쓰고시의 뒤편 같으면 주차장은 가능할지라도 햄버거를 팔 수는 없는 곳이다.

도표를 보자

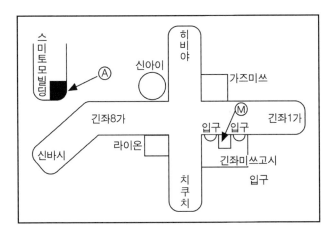

Ⓜ이 긴좌 미쓰고시에 있는 햄버거 점포이다. 이 점포는 긴좌 1가에서 8가에 걸쳐 긴좌통의 중심인 긴좌 4가의 교차점에서 3 가쪽으로, 8가로 향하여 좌측에 있다.

Ⓐ는 긴좌 8가의 이웃인 신바시에 있으며 긴자통에 드러나 서 있는 신바시 스미토모 빌딩 6층에 있다. 사장실이 나의 방이다. 나는 언제나 사장실에 망원경을 준비해 두고 긴좌 사람의 흐름을 한없이 바라보고 있었는데, 오래도록 바라보고 있는 동안에 사람 의 흐름에도 법칙 같은 것이 존재한다는 사실을 알게 되었다.

긴좌통의 사람의 흐름은 1가에서 4가까지는 신바시를 향하여 왼쪽으로 왕래가 많고, 5가에서 8가까지에는 반대로 오른쪽으로 사람의 왕래가 많은 것을 알게 되었다.

긴좌에서 햄버거의 점포를 낸다고 하면 긴좌의 미쓰고시밖에 없다고 나는 미리부터 마음속으로 작정하고 있었다. 긴좌에서도

가장 사람들의 통행이 많은 장소에 로케이션하면 틀림없이 벌
수 있다고 겨누어보고 있었다.

사실 같은 긴좌에도 4가의 반대쪽에 있는 D라는 동업자의 점
포는 사람들의 통행이 적은 만큼 손님도 적었다. 더욱이 맥도날
드와 D와의 차이는 단순히 사람의 흐름(왕래)이 많고 적고를 떠
나서 품질, 맛 등 여러 가지 차이가 있으나, 그런 것은 고사하고
라도 장소를 어디로 할 것인가에 대한 일은 장사를 하는 데에
기본이라고도 할 수 있는 중요한 문제이다.

예를 들면 그 맥도날드 긴좌 점포를 미쓰고시에서 치쿠치 쪽으
로 10미터 정도 지나서 개점했다면 1일 150만 엔이나 200만 엔이
란 매출을 기록할 수 있었을는지는 의문이다. 그 거리의 10미터는
실로 중요한 의미를 가지고 있다. 장사에 있어서의 10미터가 다르
다는 것은 10킬로미터가 다른 것과 같은 결과를 낳는다.

나의 경우로 말한다면 만약 내가 1호점을 긴좌의 미쓰고시 현
재의 장소가 아닌 긴좌 4가에서 10미터 치쿠치 쪽으로 개점했더
라면 아마도 그곳은 긴좌 4가에서 10킬로미터 떨어진 장소에 개
점했을 경우와 매출에 있어 큰 차이가 없었을 것이다.

유대인의 상법에서는 10미터는 결코 10미터가 아니고 10킬로
미터가 되는 것이다.

# 업종에 따라 장소를 선택하라

내가 긴좌 4가에서 성공했다고 해서 누구든지 도심지에 점포를 내기만 하면 될 것인가, 그렇지도 않은 것이다.

나의 친구인 호우사카 히사(逢坂久) 씨는 원닛가쓰 회장(日活會長)인 호우사카 야(逢坂弦) 씨의 아들인데 현재는 호우사카 흥업의 사장으로서, 오사카 센니치 앞 도로에서 약간 들어간 곳에서 포르노 영화관을 경영하고 있다. 입장료는 100엔이며 자동판매기에서 입장권을 사서 들어가는 구조로 되어 있다.

그런데 이것이 생각 외로 수입이 짭짤하다고 한다.

필름 차용료가 2만 엔, 손님이 300명씩 하루에 5회전한다고 하면 15만 엔, 1주일에 105만 엔이 수입된다고 하였다.

그런데 장소가 나쁘다고 계속 안타까워하고 있는 것이다.

"그건 잘못 생각한 거야, 그곳이기 때문에 손님이 드는 거요."

나는 즉석에서 그렇게 말했다.

"포르노 영화관은 전당포와 같아요. 예를 들어 긴좌 4가의 모퉁이에 전당포가 있었다고 한다면 잘 되리라고 생각하는가, 손님이 아마 한 사람도 안 들 거요. 전당포는 사람들의 눈을 피하

는 곳이라야 영업이 성립되는 것과 같이 포르노 영화관도 마찬
가지예요. 그런 장소에 있기 때문에 손님이 드는 거요."

장사의 종류에 따라, 점포를 어디에 낼 것인가, 조건이 달라지
게 된다. 앞쪽 길을 택할 것인가, 뒤쪽 길을 택할 것인가, 여하튼
장소 선정이 중요한 것은 틀림없는 것이다.

거지라도 사람들의 발길이 뜸한 뒷길에서 장사를 하면 망한다
는 것쯤은 알고 있을 것이다. 거지는 거지 나름대로 로케이션을
중요시하고 있는 것이다.

하물며 돈벌이를 해야겠다고 생각한다면 장소의 선정을 잘못
해서는 안 된다.

# 남의 처마끝을 빌려서 연간 매출 60억 엔

햄버거가 성공을 거둔 또 한 가지 요인은 내가 생각해낸 판매 방법이다.

햄버거는 본가(本家)인 미국에서는 의자와 테이블이 있는 스타일로 팔리고 있으며, 손님은 테이블이나 카운터에서 보통 요리를 먹는 것처럼 의자에 앉아서 먹는다.

나는 그것을 일본에서는 남의 처마끝을 빌려서 서서 먹도록 하는 현재의 스타일로 바꾼 것이다.

유대인의 상법에서는 10미터는 10킬로미터이므로 긴좌에 햄버거 점포를 낸다고 하더라도 한정된 몇 군데밖에 적당한 장소가 없다.

그런데 그러한 장소는 땅값이 상상도 못할 만큼 비싼 데다가 땅주인이 내놓으려고 하지도 않으므로, 사들여서 점포로 꾸민다는 것은 애당초 불가능하다.

더욱이 종래는 레스토랑이란 장사는 하루에 손님이 몇회전 하는가에 따라 장사가 성립되는 직종이라고 말해 왔다.

좁고 땅값이 비싼 긴좌에서 테이블과 의자를 갖춰 놓고 1일

몇회전한다고 하더라도, 메뉴의 값이 눈이 휘둥그래질 정도로 비싸면 벌기는커녕 큰 손해를 보기 안성맞춤이다. 물론 100퍼센트 비프가 45그램이나 들어 있는 햄버거를 1개에 120 엔에 양심적으로 팔고 있다가는 순식간에 파산해 버린다.

처음에 나는 일본의 중심인 긴좌에서 하이라이트 1개분의 값으로 햄버거를 팔려고 했었다. 하이라이트 1개분이 80 엔이면, 대중들은 '싸다'고 생각하지 않겠는가 하는 생각이 들었기 때문이었다.

미국에서는 햄버거 1개에 20센트이다. 내가 긴좌점을 오픈했을 당시의 '엔(円)'과 '달러'의 비율은 1달러=360엔이었다. 20센트이면 72엔에 상당한다.

미국에서는 72엔이나 일본에서는 쇠고기와 우유가 약간 비싸므로 1할 정도 비싼 것은 부득이하다. 그런 경우라도 나는 최고를 80 엔에 묶어 두려고 생각하고 있었다.

"긴좌의 1급지에 어떻게 땅값을 많이 물지 않고 점포를 열 수는 없을까?"

배짱이 좋다고 할는지 모르나, 나는 본심으로 그렇게 생각했다.

그리고 나는 처마끝을 조금만 빌려 쓰려고 생각하고 있었다. 처마끝을 빌려 입식(立式)으로 하면 긴좌의 번화가의 마음에 드는 곳을 택할 수 있을 것이다.

그러나 내가 여기 같으면 하고 눈독을 들인 장소 중 몇 군데는 처마끝을 빌려 주는 것마저 거절하였다.

단 한 군데 내가 처음부터 눈독을 들이고 있던 특급지인 긴좌 미쓰고시는 오카다 시게루 사장의 결단으로 처마끝을 빌려 주겠다고 나의 신청을 쾌히 승낙해 주었던 것이다.

그러나 일본의 경우 '입식(立食)'이라면 역시 가락국수집처럼 무언가 초라한 느낌이 있다. 그렇다고 해서 1개 80 엔이란 싼 햄버거를 초라한 분위기에서 팔고 있다면 이미지가 좋지 않게 된다. 인텔리와 여성 손님을 잡을 수 없다. 그래서 나는 긴좌 미쓰고시에 햄버거점을 오픈할 때 밝고 모던하고 깨끗한 입식의 이미지로 나아가기로 하여 초라한 무드를 일소해 버렸다.

작전은 들어맞았다. 입식으로 된 밝고 모던하며, 깨끗한 맥도날드에 젊은 여성객들이 쇄도하였다. 남자들도 여자들에게 끌려 왔다. 외국인들도 왔다. 어린이들도 왔다. 햄버거는 폭발적으로 팔리기 시작했다.

이렇게 되자 결단을 내렸던 미쓰고시와는 반대로, 맥도날드 햄버거에 처마끝을 빌려 주는 것을 망설이거나 거절하던 데서마저 빌다시피 나에게 찾아오게 되었다.

"대단하군요. 후지다 씨, 꼭 우리 처마끝도 빌려 쓰지 않겠습니까?"라고 말하는 것이었다.

### ■ 사람의 흐름을 바꾼다.

나는 긴좌 다음으로 신주쿠(新宿)에 진출했다. 신주쿠의 앞쪽 현관이라 할 수 있는 히가시구치(東口)를 나서면 바로 앞에 식료품점으로 오래된 니코(二幸)가 있다. 그 니코의 손님들은 노인들과 약간 점잖은 계층의 아주머니들이 슈퍼에서 살 수 있는 물건들을 일부러 비싸게 주면서도 니코의 포장지로 싸가지고 가기 위해 찾아오는 손님이 태반이었다. 니코는 그러한 사람들을 상대로 장사를 해 왔던 것이다.

그런데 그곳에 맥도날드의 햄버거점이 오픈하게 되자 손님들의 양상이 일변하였다.

즉 이제까지 약간 점잖은 손님들이 찾아왔으나 지금은 약간 눈쌀을 찌푸릴 만한 손님들이 노도처럼 밀려오기 시작한 것이다. 그들은 햄버거를 먹으면서 상점 안을 활보하게 되었다. 하이틴이 있는가 하면 장발족도 있다. 니코는 명치백년(明治百年)의 잠을 깬 것처럼 번화해졌다.

그리고 드디어 고급 식료품점인 니코는 점포 안을 대개조하여 2층을 젊은이들 상대의 패션층으로 할 정도로 크게 변모되었다. 햄버거가 노점포를 바뀌게 한 것이다. 물론 니코는 화려한 변신을 함으로써 돈벌이의 길로 오르게 된 것은 말할 것도 없다.

### ■ 인플레에 강한 산업

사족(蛇足)임을 알면서도 덧붙여 두고자 하는 것은 현재 햄버거는 1개에 120 엔이다. 개업 당시보다 40엔 값을 올렸으나, 그것은 결코 작금의 물가고 붐에 편승하여 값을 올린 것은 아니다.

내가 맥도날드를 시작했을 때 고기의 원가는 1개분이 45그램에 22 엔이었으나 세계적인 쇠고기 부족 문제에 직면하여 한꺼번에 42엔으로 값이 껑충 뛰고 말았다. 설상가상으로 밀가루를 비롯한 제원료, 재료가 값이 올랐고 인건비까지 올라버렸다.

나는 하는 수 없이 원료의 비싸진 만큼 값을 올렸다. 원료가 올랐다고 해서 대폭적인 값 인상으로 차액을 벌자는 생각은 하지 않았다. 그런 짓을 하지 않더라도 손님들이 많이 먹어 주면 저절로 벌게 되기 때문이다.

문화가 향상되면 쇠고기의 수요가 늘어난다. 사람들이 제일 맛있다고 생각하는 고기가 쇠고기이기 때문이다. 쇠고기를 먹을 수 없는 사람들이 돼지고기나 닭고기를 먹기 때문이다.

제2차 세계 대전으로부터 30년 가까이 세월이 흘렀으나, 그 동안 세계적인 큰 전쟁도 없었고, 세계적인 호황이 계속되어 사람들의 생활이 향상되었고, 따라서 쇠고기의 수요가 전반적으로 늘어나고 있다.

종래 쇠고기의 수출국이던 아르헨티나도 국내 수요가 많아져서 수출하지 않게 되었으며 쇠고기의 주산지인 오스트레일리아도 수요 증가로 인한 가격의 상승을 초래하여 값도 요즘에는 2배 정도로 올랐다.

햄버거와 같은 패스트푸드는 인플레이션에 강한 산업이라고 말하고 있다. 재료의 값 인상을 비롯한 여러 가지 문제에 직면하고 있는 것은 마찬가지이나 그래도 그러한 여러 가지 문제를 흡수하여 극복해 갈 수 있기 때문이다.

경이적인 기업임에는 틀림없다.

# 5

# 벌이의 적은 고정 관념이다

긴좌 미쓰고시의 매출이 세계 기록을 수립했을 때 미국의 본가(本家)에서 간담이 서늘해진 것도 무리는 아니다.

원래 미국의 맥도날드는 교외(郊外)의 패밀리 레스토랑으로서 성공해 왔다. 교외에 개업한 점포가 이상하게도 들어맞는 것이었다.

그렇게 되자 그들 머리속에는 패밀리 레스토랑은 교외가 아니면 안 된다는 고정 관념이 생겨났다.

그 결과 번화가나 다운타운에는 절대 개설하지 말라고 하는 금기(禁忌)에 사로잡혀 모험을 하려 하지 않게 되었다.

사람은 어느 나라 사람이나 어느 방법으로 성공하면 그 방법밖에 생각하지 않게 된다. 성공하면 그것에만 스포트라이트를 맞추며 전체를 바라보려고 하지 않는다.

그런데 나는 햄버거에 손대는 것이 처음이기 때문에 그러한 고정 관념에 사로잡히지 않았다.

'교외 따위는 안 돼. 하려면 일본에서 사람들의 통행이 제일 많은 일본의 심장부가 좋다.'

그렇게 생각하고 긴좌에 1호점을 내기로 결심하였다. 그런데 교외가 아니면 안 된다고 생각하고 있던 미국 본가(本家)에서는 처음에는 나의 안에 맹렬히 반대하였다.

그러나 내가 완강하게 긴좌 미쓰고시의 처마끝에 점포를 내어, 교외가 아니면 안 된다는 종래의 고정 관념의 벽을 타파하게 되자 위아래할 것 없이 대소동이 일기 시작한 것이다.

줄을 이어 일본으로 찾아온 본가의 지도자들은 원더풀을 연발하면서 자기들이 반대한 것 등은 아예 내색도 하지 않았다.

그리고 본가에서 내건 방침이 교외(郊外)도 좋으나, 이제부터는 다운타운을 공략하라고 하는, 종래와는 180도의 방향 전환을 했다.

나의 성공으로 부랴부랴 다운타운에 진격하기 시작한 것이다.

성공을 쌓아올려 얻은 방정식은 귀중하지만 그것에 사로잡혀 고정 관념을 만들어 낸다는 것은 그리 감탄할 일은 못 된다.

작년에 맥도날드는 매출이 10억 달러가 넘어, 켄터키 프라이드 치킨을 빼고도 세계 제1위의 레스토랑 체인으로 되었다. 이것은 세계 2천5백 개점의 매출 합계이며, 미국 육군의 푸드 서비스량이 크지만 나의 처마끝 상법의 성공으로 자극을 초래한 공헌도도 결코 적지는 않다고 자부하고 있다.

숫자를 들어 보면 긴좌 미쓰고시 1호점에는 3천만 엔을 투자했다.

최초의 1개월 매출이 4천만 엔. 극단적으로 말하면 불과 1개월 만에 투자 원금을 뺐다고 해도 과언이 아니다.

그 긴좌 미쓰고시 1호점에 찾아오는 본가의 높은 분들이 현재 그 점포를 월드 웰노운 스토아라고 한다. 세계에 소문이 울려퍼지고 있는 점포라는 것이다. 즉 지금은 세계적인 명소(名所)가 되어 버렸다.

승부(勝負)는 이기지 않으면 안 되고, 장사는 사람들의 김을 뺄 정도로 벌어들이지 않으면 안 된다.

# 6

## 남이 버는 것을 질투하지 말라

맥도날드의 햄버거가 대성공을 거둠에 따라, 당연히 나에 대한 공격이 강하게 되었다.

어느 시대이건 남의 성공을 질투하는 사람은 있기 마련이다. 질투를 품는 사람은 남보다 훨씬 더한 돈벌이에 대한 관심이 있다.

그런데 재미있는 일은 남의 성공을 질투하는 사람일수록 돈벌이에는 서툴다는 것이다.

"일본 사람의 미덕은 조용히 앉아서 차를 마시고 밥을 먹는 데 있다. 그런데 후지다 씨는 선 채로 밥을 먹이고 있다. 후지다 씨가 하고 있는 짓은 일본 사람의 미덕(美德)에 대한 모독이다."

그런 소리도 귀에 들려 오게 되었다. 나는 그러한 어리석은 중상(中傷)에는 귀를 기울이지 않기로 하였다. 중상에 귀를 기울인다는 것은 허비이기 때문이다.

중상으로 문화의 흐름을 바꿀 수는 없다. 좋은 예가 메이지유신 직후의 단발령이었다.

거의 100년 전까지만 해도 일본에서는 모두 머리에 상투를 틀고 다녔다.

현재는 상투는커녕 장발이라고 하더라도 당시에 비하면 단발인이다.

그러나 100년 전에 단발로 걸어다닌 사람들은 상투족으로부터 손가락질을 당하며 '저런 머리를 하다니' 하고 경멸당하고 중상당했다고 하였다.

나는 그것과 마찬가지라고 생각한다. 입식(立食)은 지금은 행실이 안 좋다고 경멸당하지만 그러는 동안에 거의 보통 식사 스타일로 될 것은 틀림없다.

원시 시대에 사람은 선 채로 포도와 같은 과일을 손으로 따서 그대로 먹고 있었다. 그것이 사람에게 보다 자연스러운 먹는 방법이었기 때문이다.

식사의 스타일에 관해서는 또다시 원시 시대로 되돌아가겠지. 그리고 그것이 새로운 문화라고 하는 날이 꼭 올 것이라고 나는 믿고 있다.

# 7

## 비밀에 붙이면 헛소문이 떠돈다

알고 있는 사람도 많으리라고 생각하는데 맥도날드에 가해진 가장 악질적이고 또한 집요한 헛소문은 맥도날드 햄버거의 고기는 쇠고기가 아니고 어떤 다른 동물의 고기라고 하는 것이다.

농담하지 말아라. 다른 햄버거는 어떤지 모르지만 맥도날드 햄버거는 100퍼센트 쇠고기를 사용하고 있다. 쇠고기 이외의 고기는 1그램이라도 섞지 않는 것을 자랑으로 하고 있다.

생각해 보면 알겠지만 맥도날드는 하루에 몇만 개라는 햄버거를 팔고 있다. 헛소문처럼 쇠고기 이외의 다른 동물의 고기를 사용하고 있다면 일본 안에는 그 다른 동물이 품절되어 외국에서 수입하지 않으면 안 될 것이다.

양계장과 같은 햄버거용의 작은 동물의 양식장을 만든다고 하더라도 공급을 충족시킬 수는 없는 것이다. 한두 개를 만들고 있다면 몰라도 말이다. 그런 짓을 하고 있다가는 돈을 벌 수는 없게 될 것이다.

그런데 조금만 생각하면 밑이 드러날 헛소문이 천연스럽게 번져, 그것을 믿는 사람이 있으므로 일본이라는 나라는 한탄할 정도로 국민 수준이 낮다. 비문명국이라고 불리워도 하는 수가 없다. 국민 수준이 높으면 그와 같은 하찮은 헛소문은 퍼뜨리는 자가 웃음거리가 될 것이며, 첫째 헛소문을 퍼뜨리는 자 그 자체가 나타나지 않는다. 이것은 일본 사람들의 국민 수준이 낮은 데에 파고든 모략인 것이다.

사실 앞서 맥도날드의 하기쿠 본점을 동경 스기나미쿠에 개점했을 때에는 아침 일찍부터 3대의 차에 분승해 온 괴상한 옷차림의 놈들이 달려와서 점포 주위의 주민들에게 '맥도날드의 고기는 쇠고기가 아니고 다른 동물의 고기다.' 하고 외치고 다녔던 사실이 있었다.

비프 100퍼센트라고 선전하면 선전할수록 이와 같은 헛소문이 떠돌고 있는데 생각해 보았더니 맥도날드는 햄버거 상법의 모든 노하우를 일체 비밀에 붙이고 있었다.

맥도날드에는 2만5천 가지나 되는 노하우가 있으나, 기업의 비밀을 유지하기 위하여 공개되지 않고 있다. 물론 고기 만드는 법도 당연히 비밀이다.

맥도날드뿐만 아니라 선진국에서는 기업의 비밀은 당연한 것으로 되어 있다. 예컨대 코카콜라를 보더라도 원액을 만드는 법은 극비로 되어 있어 아직 알아낸 사람은 없다.

그런데 스스로 만들어 내지 못하고 남의 흉내내기를 잘하는 일본 사람은 비밀에 붙여 버리면 매우 곤란해진다. 흉내를 낼 수가 없기 때문이다.

그래서 비밀에 붙이고 있으면 곧바로 이상하다든지 무어라고 해 가면서 일찌감치 기업의 비밀을 공개하도록 하고 있다.

모처럼 기업이 막대한 돈을 들여 개발한 것을 공개하라고 강요하는 쪽이 배짱이 좋고, 기업 비밀을 공개하지 않으면 이상하다고 말하게 되는 것을 비겁하다고 하지 않을 수 없다.

그러나 나는 일대 결심을 하고 아예 맥도날드의 비밀을 공개하기에 이르렀다. 종래에는 외부인에게는 조리실의 사진 촬영은 물론 견학마저 허용하지 않았다.

그러나 나는 초등 학생들의 견학자부터 공개하기로 하였던 것이다. 비겁한 헛소문을 진정시키기 위해선 적의 손아귀에 놀아나는 것과 같으나 그것이 가장 좋겠다고 생각했기 때문이다.

이 단계에서 여전하게 비밀주의를 취하고 있다가는 어떤 소리를 들을지 모를 일이며 도리어 마이너스를 가져올지도 모를 일이다.

이러한 비밀을 공개하는 일은 점보제트기의 구조를 공개하는 것과 같은 것이다. 손바닥을 완전히 펴 보이는 일이 되므로 굉장한 모험인 것이다.

그러나 비밀을 공개하더라도 이길 수 있는 자신이 있다. 그런 자신이 있기 때문에 아예 버는 비밀을 드러내 놓으려고 하는 것이다.

# 남의 흉내를 환영하라

맥도날드 햄버거는 2만5천 가지의 메뉴얼을 조합한 노하우를 갖는 정교한 정밀 기계와 같은 제품이다. 점보제트기가 수만 개의 부품으로 조립된 문명의 이기(利器)라면 맥도날드 햄버거는 문화(文化) 바로 그것이다.

그런 햄버거에 다른 동물의 고기가 들어 있다고 하는 헛소문을 퍼뜨리는 놈의 정신 구조는 처음으로 하늘을 나는 비행기를 본 미개인(未開人)이 '저것은, 악마가 날고 있는 것이다'라고 외치는 것과 똑같은 것이며, 그 헛소문을 믿는 사람은 비행기를 악마로 믿고 대지(大地)에 엎드리는 야만인과 같은 정도라고 하지 않으면 안 될 것이다.

그러한 사람들은 돈 같은 건 본 적도 없는 미개의 세계에 사는 사람들이므로 돈을 벌어서 풍요로운 생활을 한다는 것과는 한평생 인연이 없는 사람들일 것이다.

그런데 그러한 일부의 미개인들을 납득시키기 위해 나는 기업 비밀(企業秘密)에 고집할 것을 포기한 셈이지만 이로 말미암아 그래도 많은 햄버거의 유사품이 늘어날 것으로 예상된다.

나는 유사품을 대환영한다. 그렇게 말할 수 있는 것은 여성을 예로 든다면 미인을 진짜 미인이구나 하고 확인하려면 비교해 볼 상대가 필요하다. 그와 마찬가지로 먹어보고 '형편없구나' 하는 유사품이 있음으로써 비로소 맥도날드 햄버거의 참맛이 빛을 발할 것이다.

# 동물적인 감각을 곤두세워라

점보제트기 시대가 도래하자 다음으로 문제가 되는 것은 그 거대한 항공기를 자유자재로 조종할 수 있는 파일럿이다.

맥도날드의 경우도 마찬가지로 유사품 레스토랑이 생겨나면, 이것을 튕겨내는 파일럿이 얼마나 있는가 하는 것이 문제가 된다. 그러나 나는 파일럿의 확보에도 자신이 있다.

비밀을 공개해 버리면 나머지 의지할 것이라고는 파일럿의 조종밖에는 없다. 나는 오늘에 대비하여 그 파일럿의 양성을 게을리하지 않았던 것이다.

즉 햄버거를 판매할 계획을 세웠을 때 사원을 대상으로 이와 병행하여 햄버거 대학을 만들었던 것이다. 그곳에서 맥도날드에 부합되는 인간 교육을 하고, 그들을 계속 최전선으로 내보냈던 것이다.

햄버거 대학은 물론 미국에도 있다. 그리고 맥도날드 인간의 양성에 관한 메뉴얼도 여러 가지 있는 것이다.

나는 햄버거 대학의 개교에 즈음하여 먼저 우수한 학장을 임명하였다. 카토 요시아키라는 와세다 대학 출신의 파이터로서,

그는 어느 공해 기업에 근무하고 있었으나, 공해 기업에 근무하는 것이 너무도 싫어서 어떻게 보다 사회를 위하여 일할 수 있는지 번민하고 있었다.

나는 후지다 상점(藤田商店)의 수입 제2부장으로 있는 다카하시마노루 씨로부터 나의 조카 중에 우수한 인재가 있다는 말을 듣고, 카토군을 만나 하룻밤 내내 이야기하면서 뜻이 맞았다. 카토군은 그 다음날 회사에 사표를 내고 나에게로 달려왔던 것이다.

나는 그를 미국의 맥도날드에 파견하여 햄버거와 햄버거 대학에 관한 모든 것을 배우게 하여, 내가 신설한 햄버거 대학의 학장으로 맞이하였던 것이다.

대학 학장이라면 아무리 형편없는 대학이라도 늘그막한 노인이 격에 어울린다.

그러나 나는 젊은이들의 교육을 젊고 투지가 있는 사람에게 맡기고 싶었다. 카토 학장은 나의 기대에 걸맞게 차례차례로 우수한 인재를 제1선으로 내보내 주고 있다. 그의 교육은 단순히 대학 안에서만이 아니고, 새롭게 개점하는 점포에 그가 양성한 신인(新人)이 출진(出陣)할 때에는 학장 스스로가 그 점포에 나가서 점포의 구석에서 눈을 번쩍이고 있는 것이었다.

파일럿을 양성함에 있어서 우선 우수한 교관을 임명한 나의 표적은 들어맞은 것 같았다.

맥도날드의 비밀을 공개했댔자 그 기술을 익혀서 맥도날드를 쫓아 올 사람은, 언젠가는 파일럿 양성의 필요성을 통감하고 그것에 달라붙을 것이다.

그러나 맥도날드 햄버거 대학과 같은 메뉴얼이 없으므로, 그들은 그 기초를 만드는 것부터 하지 않으면 안 되는 것이다. 그

것이 달성되면 훌륭한 것이지만 그것이 좀처럼 어렵다.

내가 메뉴얼이라든지 노하우라든지 말하면 마치 장사는 구실만 있으면 성공하는 것으로 생각되지만 사업은 구실로 성공하는 것이 아니고, 그 사람이 가지고 있는 동물적 감각이 큰 비중을 차지한다.

홍수가 지기 전에 개미는 도망을 간다고 한다. 큰 불이 나기 전에 쥐는 없어진다고들 한다. 그들은 구실로써 도망가는 것이 아니고 문자 그대로 동물적인 감(感)으로 위험을 알아차리고 안전한 곳으로 도망가게 되는 것이다.

사업이건 돈벌이건 중요한 것은 이와 같이 동물적인 감각이다. 그리고 동물적인 감각을 곤두세워서 먼저 피알하지 않으면 안 되는 것은 시대(時代)는 어떻게 변하며 돌아가는가 하는 것이다.

유랑의 민족인 유대인에게는 그것이 있다. 그것을 정확하게 포착함으로써 그들은 확실하게 부(富)를 수중(手中)에 넣어 왔던 것이다.

# 인간 양성이 돈벌이의 비결이다

햄버거 대학이라면 마치 햄버거를 팔고 팔아치우는 사람을 양성하고 있는 것 같은 인상을 주지만 실제는 다르다.

분명히 맥도날드에게 전래되는 장사의 노하우나 매뉴얼도 가르치지만 역시 인간다운 인간의 육성에 주안점을 두고 있다.

나는 햄버거 대학의 입학식 때마다 똑같은 말을 되풀이한다. 나는 제군에게 우리 회사가 돈을 벌 수 있도록 하라고 하지 않는다. 후세(後世)의 심판을 견딜 수 있는 인터내셔널한 인간이 되어 주었으면 하고 바란다. 맥도날드에 있었기 때문에 여러 각도에서 사물을 볼 수 있게 되었다, 그렇게 말할 수 있는 사람이 되어 주면 그것으로 좋은 것이다.

자기가 거기까지 성장했구나 하고 생각되면 독립하거나, 전직을 고려하여 그만두겠다고 신청하더라도 괜찮다. 나는 이 대학을 인터내셔널 비즈니스맨 양성 학교라고 생각하고 있다. 여러분들은 월급을 받으면서 그 양성 학교에 들어와 있는 것이다. 그 결과로써 우리 회사가 벌이가 될는지는 모르지만, 나는 아예 여러분들을 우마(牛馬)처럼 혹사하면서 벌려고는 생각하지 않고 있다.

참으로 허울 좋은 훈시이지만, 사원을 우마처럼 혹사시켜 돈을 벌려고 하면 벌이가 안 되는 것이다. 인간의 성장을 마음속으로 염원하면서 양성해 준다.

그렇게 해 주면 이상하게도 사원을 우마처럼 혹사시켜 돈을 벌려고 생각하고 있는 사람의 몇 배, 아니 몇십 배로 벌이가 되어 버리는 것이다.

상법의 근본은 인간의 상법(商法)인 것이다. 인간 부재(人間不在)의 상법으로 벌이가 될 수는 없는 것이다.

# 맛은 요리사의 솜씨에 의존하지 말라

맥도날드 햄버거는 그때까지의 레스토랑의 상식을 차례로 타파하여 레스토랑, 식당업계의 태풍의 눈으로 부상했으나, 그중의 하나가 맥도날드 햄버거는 요리사의 솜씨에 의존하지 않아도 괜찮다고 하는 것을 들 수 있다.

이제까지의 레스토랑은 요리사의 솜씨에 달려 있었다. 요리사의 솜씨가 좋으면 맛있고 요리사가 서투르면 맛없는 것밖에 만들지 못했다. 그래서 요리사도 파리에 유학하여 본고장의 맛과 요리법을 공부하거나, 일류 호텔의 식당에서 수업을 쌓지 않으면 안 되었다.

일본의 식사는 5만 년 전의 석기 시대와 전혀 바뀌지 않고 있으나 그 일본 요리에 있어서도 일류 요리사가 되기 위해서는 목숨을 건 수업이 요구되어 왔다.

예를 들면 일본 특유의 사시미(생선회)인데 이것은 살아 있는 물고기에 칼을 대는 간단한 요리법으로, 5만 년 전과 조금도 변하지 않고 있다. 이것을 밥 위에 얹어 주먹을 쥐면 주먹밥이 된다. 실로 단순하고 간단한 것이다.

그런데 그 주먹밥이 문제이다. 밥을 잘 짓는 데까지가 3년, 맛있게 쥘 수 있을 때까지가 최저 5년은 걸린다고 하면서, 신입 요리사는 쌀을 일거나 객석에 찬을 나르는 것만 하며 밥에는 손가락 하나 대지 못하게 한다.

'주먹밥 1인분!' 식으로 손님은 쉽게 주문하지만 주먹으로 쥐어 만드는 쪽에서는 대단한 일이다.

그러나 맥도날드 햄버거와 같이 대량 생산하는 경우에는 요리사가 서툴러 맛이 떨어지는 경우가 생긴다면 보통일이 아니다. 주먹밥집인 경우에는 밥이 잘 안 되었으면 다시 지으면 되지만 대량 생산하는 햄버거는 모두 버리고 다시 만들어야 되는 일을 한다면 큰 손실을 가져온다.

그래서 맥도날드는 기계를 사용하여 신인이라도 항상 맛있게 대량 생산할 수 있는 방법을 생각해 낸 것이다. 기계가 하는 것이므로 누가 어디에서 조작하더라도 세계 어느 곳에서나 똑같은 맛의 햄버거가 만들어진다.

즉 맥도날드에서는 비싼 급료로 일류 요리사를 고용할 필요가 없는 레스토랑을 세계 여기저기에 출현시킨 것이다.

그러므로 햄버거 대학에서는 요리사는 양성하지 않는다. 메뉴얼에 따라 정확하게 기계를 조작할 수 있는 파일럿을 양성하고 있는 것이다.

그들은 정확하게 기계를 조작하는 것으로써 몇십 년이나 수업을 쌓은 요리사가 만드는 것보다 맛있는 햄버거를 순식간에 만들어낼 수가 있는 것이다.

요리사를 비싼 급료를 주고 고용하지 않더라도 가능한 세계 균일의 맛있는 맛의 햄버거. 이것만이 유대인의 상법에서 말하

는 입을 겨냥하는 최대의 상품인 것이라고 나는 눈여겨 본 것이
다. 그리고 나의 눈은 조금도 비뚤어지지 않았다.

세계 균일의 맛있는 맛은 일본에서도 역시 기뻐하게 되었다.

# 시대가 요구하는 상품을 겨냥하라

일본에서도 인스턴트 라면과 같은 식품 개발이 행해지고 있으나 일본에서 팔리고 미국에서도 팔리고 유럽이나 아프리카에서도 팔리는 세계의 맛의 개발은 불가능할 것이다.

세계의 맛을 개발하려면 몇백억 엔이란 거액의 투자가 필요하다. 더욱이 실패하면 그 개발 비용은 단 1엔도 회수할 수 없다.

그만한 자금을 들여서까지 세계의 맛에 도전하는 기업은 일본에는 없다. 그런 짓을 하지 않더라도 현재 먹고 있는 것으로도 충분하지 않은가라고 생각하는 것이 일본 사람들의 사고방식이다. 아마도 수세기 혹은 영원히 맥도날드 햄버거에 버금가는 식품은 출현하지 않을 것이다.

즉 맥도날드 햄버거는 후발상품(後發商品)에 추월당하리라는 걱정은 안해도 좋으며 안전하고 확실하게 벌 수 있는 상품인 것이다.

이 햄버거는 시대가 요구한 식품으로서 등장한 것이라고도 할 수 있다. 교통 기관과 과학의 발달로 근대 생활은 1초를 다투는 매우 바쁜 세상이 되었다.

이러한 생활에서는 나이프나 포크를 사용하는 식사는 바쁜 나머지 거의 제대로 먹지 못하는 수가 생긴다. 자동차를 타고 있으면서 나이프나 포크를 사용할 수는 없다. 어차피 손으로 쥐고 먹을 수 있는 것이 필요하게 되었다.

그와 같은 시대의 요구에 부응하여 미국이 고심하여 만들어낸 것이 햄버거였다. 나는 일본이 경제적으로 미국을 추종해 가는 과정으로 보더라도 기필코 일본에도 햄버거가 필요할 때가 올 것으로 알았다.

일본에는 손으로 쥐고 먹을 수 있는 전통적인 음식이 있다. 주먹밥이 그것이다.

그러나 현대의 젊은이들은 쌀을 먹지 않게 되었으며 주먹밥은 영양의 밸런스에 문제가 있다.

젊은 사람들은 고기를 좋아하지만 매실 대신에 고기를 집어넣은 주먹밥은 대만 요리밖에 없다.

그러한 사정을 고려할 때 일본에도 주먹밥 대신에 햄버거의 시대가 온다고 겨냥하고 있었다. 나는 햄버거를 미래의 주먹밥으로 보았던 것이다.

나의 착안점, 발상법이 틀리지 않았다는 것은 매출의 숫자가 무엇보다도 잘 말해 주고 있다.

# 13

## 햄버거는 문화이다

맥도날드 햄버거와 같이 세계의 맛을 가지고 있는 가공 식품이  간단히 개발되지 않는다고 보면 노하우를 사야만  한다. 개발에 무리한 비용을 들이는 것보다 노하우를 사는 쪽이 벌 수 있다면 노하우를 사는 것이 장사라고 할 것이다.

또 맥도날드의 노하우는 비싼 돈을 내고서도 살 가치가 있는 것이라고 할 수 있다.

일본 요리는 돈까스이건 카레라이스이건 어떤 고기를 쓰고 어떤 기름을 어떤 상태로 어떻게 사용하는 것이 가장 좋은가 하는 과학적인 연구는 전혀 되어 있지 않다. 모든 것이 요리인의 영감에 맡겨져 있다. 당연히 잘되고 안 되고가 있다.

그런데 맥도날드 햄버거는 재료의 구입에서부터 보관, 배달, 가공에 이르기까지 과학적으로 연구되고 계산된 맥도날드의 독특한 설계명세서에 입각하여 만들어진 시스템으로 제조된다.

예를 들면 고기의 경우를 보면, 소의 어느 부분을 어떠한 방법으로 잘라서 그것을 어떤 방법으로 배달하며, 보관은 어떤 곳에서 온도는 몇 도에서 그것을 켜는 것은 어떤 기계로 어떻게 하는 것 등이 정해져 있다.

빵의 경우에는 맥도날드 독특한 방법으로 바깥쪽에서 가열시키지 않고, 빵을 속에서 구어감으로써 기포가 적은 맛있는 빵이 만들어진다.

빵만으로 먹어도 참쌀떡처럼 맛있다.

일본 맥도날드 햄버거의 빵은 다이이치야 제빵(第一屋製빵)에서 만들고 있으나 다이이찌야 제빵은 그 빵을 스팩(Spec → Specification, 諸元表)대로 구어지도록 하는데 1년이나 걸렸다고 한다.

빵과 고기만이 맥도날드의 독특한 것은 아니다. 머스터드나 케첩도 스팩대로 만들어진다.

햄버거뿐만이 아니다. 콜라의 스트로의 크기도, 점포에 비치된 쓰레기통까지도 스팩대로 만들어진 것들이다.

기제품이라고는 억지로 찾으려면 먼지떨이 정도이다.

햄버거를 만드는 기계를 조작하는 것은 맥도날드 대학을 나온 사람들이다. PR만 하더라도 PR의 스팩이 만들어져 있어 그대로 하면 된다.

그와 같이 맥도날드 햄버거에 필요한 것은 모두가 시스템화되어 있다. 즉 맥도날드 햄버거는 단순한 먹는 것만이 아니고 문화라고 할 수 있다.

인류가 고도의 기술로써 개발한 새로운 문화임에는 틀림없다.

맥도날드 햄버거 숍의 입지 조건은 미국에서는 인구 4만 명에 1개 점포 비율로 되어 있다.

현재 미국의 맥도날드 햄버거 숍은 2천4백 점포, 거기서 매일 1천만 개의 햄버거가 팔리고 있는 것이다.

문화는 문화인데 굉장히 벌이가 되는 문화이다.

## 14

# 백화점에서는 문화를 팔고 슈퍼에서는 생활을 팔아라

내가 맥도날드 햄버거 숍의 1호점을 내는 장소로 긴좌의 미쓰고시라는 일류 백화점을 택한 것도 햄버거가 문화라는 것 외에는 아무것도 없다.

작금에 이르러서는 백화점은 슈퍼의 맹렬한 공세를 만나 잠자는 돼지처럼 되어가고 있다.

슈퍼에서는 소금이나 간장과 같은 식료품과 일용 잡화, 그리고 보통 옷들을 싸게 팔고 있다. 즉 생활을 팔고 있는 것이다.

더욱이 대개가 주택지 주변에 진출해 있으므로 손님들은 일부러 먼 백화점에 나갈 필요가 없어졌다.

슈퍼가 생활을 팔고 있으므로 잠자는 돼지가 살아가는 길은 문화를 파는 수밖에 도리가 없다.

예를 들면 슈퍼에서 팔고 있는 무에는 계약 재배된 브랜드는 없다. 모두가 무명인 무들이다.

그러나 백화점에서 팔고 있는 것에는 브랜드가 있다. 부인복 같으면 크리스찬 디올, 피에르 가르뎅, 파이프 같으면 던힐이라고 하는 것을 파는 곳이 백화점이다. 다시 말하면 백화점은 브랜드를 팔아야 한다. 문화를 팔지 않으면 안 된다.

맥도날드 햄버거는 브랜드가 없는 족보를 모르는 햄버거는 아니다. 맥도날드라고 하는 최고급 브랜드가 붙은 문화인 것이다.

# 기분좋게 벌어라

맥도날드 햄버거는 문화이기 때문에 햄버거 숍이 있는 지역의 사람들과 이웃에게 누를 끼쳐서는 안 된다고 생각하고 있다. 누를 끼치기는커녕 오히려 공헌하지 않으면 참다운 문화라고 말할 수 없다고 생각하고 있다.

지역이나 이웃들에게 공헌을 하면 기분이 좋다. 또한 아무리 벌어도 누구도 말하지 않는다. 환경을 파괴하면서까지 벌려고 하기 때문에 지역에서 따돌리고 이웃과 싸우지 않으면 안 되는 경우가 있다. 공해 기업(公害企業) 같은 것이 그 좋은 예이다.

나는 햄버거 숍을 개점중이거나 폐점 후에라도 청소기로서 햄버거 포장지나 코카콜라의 빈 컵은 물론 담배 꽁초에 이르기까지 정성껏 주변의 청소를 하고 있다.

그런데 그 청소하는 것을 반 질투조로,

'천하에 공도(公道)를 무료로 장사에 사유하고 있는 발칙한 놈이 청소하는 것은 당연하다. 1평에 몇백만 엔씩 하는 땅을 공짜로 쓰고 있으므로 청소비 치고는 싼 것이다.'라고 험담을 내뱉는 사람도 있다. 확실히 일요일의 보행자 천국인 긴좌통과 우

에노(上野), 신주쿠(新宿) 등은 천하의 공도가 맥도날드의 레스
토랑으로 일변하는 양상을 띠는데 그러한 것을 이러쿵저러쿵 한
다고 하면, 국민의 대기(大氣)를 마음대로 오염시키며, 공해(公
害)를 무더기로 내보내는 주제에 뒷정리도 제대로 하지 않는 기
업(企業)은 어떻게 말하면 좋을 것인가.

기분좋게 벌려면 그와 같은 환경을 조성하는 것이 중요하다.

# 깨끗한 점포에 돈이 모인다

맥도날드에는 'Q ·S ·C'라는 3 기둥이 있다.

'Q'는 'QUALITY' 즉 품질이다. 좋은 상품을 판다는 것을 우리들은 가치를 판다고 하나, 그 가치가 있는 좋은 물품이야말로 누구에게도 자랑할 수 있는 품질이 있는 것이다.

햄버거도 우선 품질에 가치가 있어야 함이 요구되는 것이다.

'S'는 'SERVICE' 이것은 문자 그대로 고객들에게 기분 좋은 서비스를 제공하는 일이다.

그리고 세번째 기둥이 'C', 즉 'CLEANLINESS' 청결함인 것이다.

맥도날드에서는 특별히 청결함에 관해서는 만전을 기하고 있다.

식품 위생법에서는 일정한 기준이 있어 극소량의 대장균은 용인되고 있으나, 나는 항상 제로를 요구하며 사실에 있어서 맥도날드에서는 대장균 제로를 자랑으로 삼고 있다. 허용 범위 따위의 미지근한 청결함으로는 견딜 수 없는 것이다.

맥도날드에서는 손 씻는 방법에도 메뉴얼이 있다. 손을 씻을 경우, 수돗물일지라도 10초 동안 씻지 않으면 세균들이 깨끗이 떨어지지 않는다.

더욱이 세균이 가장 많이 붙는 곳은 손톱 밑이다. 맥도날드는 종업원에게 손톱 씻는 방법부터 손 씻는 방법과 소독력을 가진 비누의 사용법에 이르기까지 가르쳐 그대로 씻도록 엄격히 요구하고 있다.

의사는 수술 전에 손을 소독하고 나면 수술용 기구 이외에는 절대로 잡으려고 하지 않는다. 입에 넣는 것을 판매하는 자는 그 의사가 하는 방법을 배워야 하며 상품 이외에는 만져서는 안 된다.

어느 날 긴좌의 클럽에서 술을 마시고 있는데 그곳 호스티스가 '맥도날드는 굉장히 좋다'라고 하는 칭찬을 하였다.

"나는 직업상 언제나 귀가는 밤중이지만 언제든지 역전의 맥도날드는 환하게 불을 밝혀 놓고 청소를 하고 있어요. 그걸 보면 굉장히 기분이 좋아요."
라고 말하는 것이었다.

일본의 레스토랑은 끝날 시간이 다가오면 재빨리 문을 닫고 돌아가 버리지만 맥도날드에서는 종업 후에 청소하는 사람이 2인 1조가 되어 밤샘하여 청소를 한다.

불을 환하게 켜 놓고 청소하는 것은 결코 연극이 아닌데도 이를 본 사람들은 거의가 틀림없이 맥도날드에 신뢰감을 가져 준다.

그와 같은 청소도 맥도날드 상법의 일관된 시스템의 하나이다. 그리고 맥도날드는 이와 같이 강력한 시스템을 뒷받침으로 하고 있기 때문에 성공하고 있다고 할 수 있을 것이다. 먹는 음식물을 취급하는 점포는 청결하게 하지 않으면 안 된다. 청결함으로써 손님이 오며 돈을 벌 수 있는 것이다.

# 17

## 스마일만이 돈벌이의 원리원칙이다

"맥도날드의 점원들은 실로 애교가 넘친다."
라는 칭찬의 말을 듣는 경우가 많다. 레스토랑이나 식당의 종업
원이 무뚝뚝해지고 있는 요즘에 맥도날드 종업원의 웃는 얼굴로
의 대응은 한층 더 손님의 마음을 사로잡는 것 같다.

경영자로서는 너무 콧대가 높다. 맥도날드의 각 점포의 캐시
레지스터(금전등록기) 밑에는 틀림없이,

"스마일"
이라고 씌어져 있다.

종업원이 매출금을 레지스터에 넣거나 환전을 할 때에는 싫어
도 그 문자가 눈에 들어오도록 되어 있다. 그래서 종업원도 자동
적으로 웃는 얼굴로,

"고맙습니다."
라고 말할 것이다.

이런 방법은 매니저가,

"손님에게 빵긋 웃어요."
하고 백 번 교육하는 것보다도 효과가 있다.

아마도 맥도날드 이외의 레스토랑이나 소매점에서 캐시 레지
스터에 '스마일'이라고 써 붙인 점포는 일본에는 한 집도 없을
것이다.

웃는 얼굴로 장사를 하면 틀림없이 손님은 늘어날 것이다. 호
감을 갖게 되기 때문이다. 건전한 육체에 건전한 정신이 깃드는
것과 마찬가지로 웃는 얼굴의 점포에는 돈이 모인다.

맥도날드에서는 잠깐이라도 점포 앞에 통행인이 멈춰서면 젊
은 여종업원이 빵긋 웃으며,

"하나 들어보지 않겠습니까?"

하고 권한다.

권해진 손님은 웃음띤 얼굴의 권유에 못이겨 드디어 사 먹게
된다. 이것도 웃음띤 얼굴의 승리인 것이다.

그러한 웃음띤 얼굴은 맥도날드 햄버거의 종업원 한사람 한사람
이 절대적으로 자신감을 갖고 있으므로 아주 자연스럽게 나온다.

그녀들은 이렇게 싸고 이렇게 맛있는 것을 먹지 않으면 손해
다 하고 마음속으로 생각하고 있기 때문에 유순한 웃음띤 얼굴
로 권하는 것이다.

유사품을 파는 싸구려 장사는 파는 물건에 자신이 없으므로 능
숙한 우스갯소리를 하더라도 절대 빵긋 웃지 않으며 눈초리도 사
납다.

# 손님이 열등감을 갖게 하라

햄버거를 사러 오는 손님은 모두가 점두에서 입식(立食)하는 사람뿐이라고는 할 수 없다.

개중에는 집으로 가지고 가는 사람도 있다. 그렇기 때문에 구 어진 것은 그곳에서 포장을 하여 손님들에게 주게끔 하고 있다.

굽는 사람과 포장하는 사람은 각기 직업을 분담하고 있으나 맥도날드 종업원은,

"다 되었어, 포장해 줘."

라고 일본말로 하지 않는다.

"랩 업 플리즈!"

하고 외친다. 즉 영어를 사용하는 것이다.

나는 점원들끼리의 주고받는 말은 모두 영어로 하도록 교육시 키고 있다.

젊은 여성 손님들은 점원들끼리 영어로 주고받는 것을 황홀한 눈으로 보고 있는 것이다. 그것만으로도 외국에 온 것 같은 기분 이 드는 것이다.

이와 같은 효과를 고려하여 나는 아예 종업원에게 영어를 사

용하도록 요구하고 있다.

왜냐하면 일본 사람들은 원래 영어에 약하다.

어학에 대한 열등감은 곧바로 외국인에 대한 열등감으로 이어진다. 그렇게 되면 기묘하게도 외국인이 먹고 있는 것은 맛있다는 생각이 들게 된다.

맥도날드 햄버거는 원래 외국인의 음식이었으므로 그만큼 일본 사람들의 외국인에 대한 열등감을 갖게 하면 잘 팔린다.

종업원들에게 사용토록 하고 있는 영어는 일본 사람들의 외국인에 대한 열등감을 갖게 하는 소도구인 것이다.

사실이지 맥도날드에 찾아오는 외국인은 많은 편이어서 그것이 또한 선전이 되어 덤으로 일본 사람들이 사가는 경우도 많다.

"영어를 사용하라."

하고 내가 점원들에게 요구하는 것은 말하자면 일본 사람들에게 열등감을 갖게 하라고 하는 것이다. 열등감을 갖게 하면 돈을 벌게 되는 것이다.

그것도 나만이 벌이가 되는 것은 아니다. 나는 벌지만 햄버거에 익숙해짐으로써 손님들은 외국인의 음식에 익숙해져 간다. 햄버거라는 외국인과 같은 것을 계속 먹음으로써 외국인에 대한 열등감이 희미해져 간다.

그것은 일본에 있어서나 손님 자신에게 있어서도 큰 플러스가 된다. 외국인에 대한 열등감에서 벗어남으로써 시야도 넓어지고 생각하는 방법도 유연성이 생겨난다.

발상법(發想法)도 섬나라의 것에서 국제적인 것으로 비약해 갈 것이다. 그러한 국민 전체의 크나큰 이익 앞에서는 나의 돈벌이 같은 것은 미미한 것에 불과하다.

　나는 농담으로 이런 말을 하고 있는 것은 아니다. 진심으로 하
는 말이다. 나는 국민의 이익 향상을 믿고 햄버거를 막 팔고 있
는 것이다.

# 제3기 문명 쇼크를 직시하라

일본의 역사를 보면 일본은 과거에 3번 문명의 쇼크를 받았다.

첫째가 대화개신(大化改新)이다. 이때에 중국에서 문자(文字)가 상륙했다.

둘째는 명치유신(明治維新)이다. 도쿠가와(德川) 300년의 쇄국에서 풀려 서구 문명(西歐文明)이 들어왔다.

그리고 셋째번이 전후의 미국 문화의 유입이다. 역사상으로는 일본은 연합국에 패했다고 되어 있으나 실제로는 미국에게 진 것이었다. 그리고 미국 문화가 계속 일본에 상륙해 왔다. 잠깐 우리 주위를 돌아보면 잘 알 수 있다. IBM, 코카콜라, 파커, 지판…… 거의 모든 것이 미국 것으로 유럽의 것은 없다. 모두 아메리카 문화이다. 그리고 그 미국 문화의 마지막 타자로서 등장한 것이 햄버거이다.

그런데 일본 사람들은 노도와 같이 밀어닥친 미국 문명을 능숙하게 흡수하여 새로운 전후(戰後)의 일본 문명을 창조하였다.

햄버거의 매출 신기록을 일본이 세운 것도 그 하나의 표현이라 할 수 있다. 미국 사람들은 일본 사람들의 풍부한 창의성에 지금에 와서 놀라움과 경의를 보이기 시작하였다. 그리고 미국 문화를 흡수하여 새로운 문화를 만들어낸 일본에서 다시 한번 그 문화를 미국에 가지고 돌아가려는 '브링 백 투 U.S.A'의 운동이 일어나고 있다.

미국이 일본에 준 문명의 쇼크를 이번에는 재차 미국으로 가지고 돌아가자고 하는 것이다.

이러한 일들이 진짜 세계 평화로 연계되는 것이다.

일본과 미국의 평화의 가교가 될 수 있는 문화는 맥도날드 햄버거이다.

## 국내에 없는 것이 잘 팔린다

유대인의 상법에 관한 익살스러운 이야기로 다음과 같은 것이 있다. 어느 미개국에 신발 세일즈맨 2명이 함께 왔었다. 그 중 한 사람은 유대인이었다.

미개국 주민들은 모두 맨발이었다. 그것을 보고 유대인이 아닌 쪽의 세일즈맨이 분하다는 듯 외쳤다.

"별난 나라에 왔어요. 보아요! 주민들의 발바닥이 신발바닥보다 단단해요. 이런 곳에서 신발 같은 것이 팔릴 리가 없어요."

유대인의 세일즈맨은 생긋 웃고는 혓바닥으로 입술을 축였다.

"아냐, 신발은 절대 팔린다. 왜냐하면 모두가 신발을 신고 있지 않으니까."

이야기는 이것으로 끝났다. 과연 신발이 팔렸는지 어떤지 결론은 내지 않았다.

내가 햄버거를 판다고 말했을 때 대부분의 사람들이 무모한 짓이라고 말렸다.

"빵 식사에 습관화되어 있지 않은 일본에서 더욱이 고기보다도 생선을 좋아하는 일본 사람에게 햄버거 같은 것이 팔릴 리가

없다. 일본에 햄버거가 본격적으로 상륙하여 그 팔리는 상황을
보고 뛰어드는 것이라면 이야기는 다르다."

그렇게 말하면서 하지 말라고 만류했다. 유대인의 신발 세일
즈맨은 아니지만 나는 본격적으로 햄버거가 일본에 들어와 있지
않았기 때문에 팔린다고 확신하고 있었다.

일본 사람들의 발상법이 아니라, 유대인의 발상법(發想法)으
로 사물을 보고 있었던 것이다.

내가 햄버거의 판매에 뛰어들어 작금의 긴좌에서는 한손에는
음료수, 한손에는 햄버거를 볼이 터져라 하고 입에 넣고 걸어가
는 것이 젊은이들 사이에는 새로운 패션으로 되어 가고 있다.

# 21

## 위험 부담이 큰 것일수록 벌이가 된다

돈벌이에 관심이 있는 사람에게 있어서 무엇보다도 신비로운 존재는 스위스 은행이다. 스위스 은행 이야기가 나오면 눈빛이 변해지는 사람이 많다.

예를 들면 수중에 100만 달러의 현금이 있는데, 이것을 원금으로 하여 돈벌이를 해보겠다고 생각하는 경우에, 스위스 은행에 상담하는 것은 매우 현명한 방법이라고 할 수 있다.

스위스 은행은 세계적으로 유명한 유대 상인 등 그와 같은 사람들의 소개만 있으면 전화 통화만으로도 상담에 응해 돈벌이에 대한 메뉴를 여러 가지로 갖추어 준다.

예를 들면 이와 같은 형편으로 말이다.

"높은 이식(利息)을 바라신다면 연25퍼센트 짜리가 있습니다. 이것 같으면 4년이면 원금이 됩니다. 저개발국의(물론 국명은 분명히 말해 준다) 전원 개발 공사(電源開發工事)입니다. 단 이식은 비싸지만 혁명이 일어나 그 사업이 국영화(國營化)되어 버리면, 원금도 이식도 아웃될 가능성도 있는 것입니다. 그 리스크 (위험 부담)를 당신이 지신다면 연 25퍼센트 지불하겠습니다."

"리스크를 부담하기 싫다고 하신다면 원금은 본 은행에서 보증하겠습니다. 그 대신 이식은 연 6퍼센트입니다."

연간 6퍼센트 같으면 일본과 다를 바가 없다.

다만 스위스 은행인 경우는 비밀을 지켜 주기 때문에 일본 정부가 조사를 하더라도 예금자의 성함은 절대 알 수 없다. 당연히 세금을 공제당하는 일은 없다.

재미있는 것은 당좌예금으로 하면 이식을 은행이 취하게 되는 것이다. 일본에서는 당좌예금은 무료로 은행에서 맡아 주지만 스위스 은행은 정확하게 보관료를 떼는 것이다.

그건 그렇다 치고 리스크가 높을수록 고금리(高金利)를 지불한다는 것은, 두말할 것도 없이 리스크가 높을수록 벌 수 있다는 것을 나타내는 것이다.

그렇다면 선구자(파이오니아)처럼 막대한 이익이 많으면서, 더욱이 리스크가 최소인 것이 없을까. 그것이 있었던 것이다. 맥도날드 햄버거가 그것이다.

역시 빵 식사에 대한 습관이 없는 일본 사람에게 햄버거라고 하는 일본 사람들이 먹어 본 적이 없는 것을 취급했다는 점에서는 선구자로서의 리스크가 다분히 있었는지도 모른다. 그러나 냉정히 생각해 보면 그 리스크는 미국에서의 판매 실적, 요리사가 필요없으면서도 세계 공통의 맛을 낼 수 있고, 계산된 노하우 등으로 상당히 부담이 경감되어 있기는 하였다고 할 수 있다.

나는 햄버거라는 돈 벌 수 있는 벨트 컨베이어에 올라탈 수 있어서 좋았다.

## 22

# 네모진 것보다 둥근 것이 팔린다

불가사의한 것은 사람들은 네모진 것보다 둥근 것을 좋아한다. 경화(硬貨)만 하더라도 세계의 태반의 국가들의 경화는 원형(円形)인 것이다. 우리들은 엄지손가락과 집게손가락으로 원(동그랗게)을 만들면 돈을 뜻한다.

그와 같은 인간의 성벽을 장사에 활용하지 말라는 법은 없다. 즉 상품에도 네모진 것보다 둥글게 한 쪽이 잘 팔린다.

햄버거가 잘 팔리는 비밀 중의 한 가지가 모양이 사람들이 좋아하는 원형을 이루고 있다는 점을 들 수 있다. 가늘고 긴 핫도그보다는 햄버거쪽이 팔리는 것은 맛도 맛이거니와 원형이라는데에도 이유가 다분히 있는 것이다.

# 23

# 장사를 하려면 성악설 편에 서라

일상 생활을 해 나가는 데는 성선설(性善說)에 입각하여 이웃들과 사이좋게 지내는 것은 매우 좋은 일이다. 그러나 장사에까지 성선설을 들이댄다는 것은 찬성할 수가 없다. 오히려 사람의 성(性)은 악(惡)이라는 기본 관점에 서는 편이 낫다. 보지 않으면 틀림없이 도둑질을 한다고 생각해야 한다.

그런데 일본 사람들은 장사에도 성선설을 들이댄다. 25년간 근무하면서 9억 엔이나 눈을 속이는 OL이 나오는 것도 그 때문이다. 25년간이나 근무했으므로 괜찮다고 생각하는 것은 성선설이라 할 수밖에 없다.

성악설 편에 서면 그와 같은 모자라는 생각은 하지 않는다. 몇십 년을 근무했어도, 내일 도둑질을 할는지도 모른다고 생각한다. 30년을 근무했어도 방심해서는 안 된다고 주의를 게을리하지 않는다. 결과로서는 그 편이 사고도 일어나지 않고 장사도 무난하다.

인간은 사람이 보지 않으면 나쁜 짓을 하게 마련이다. 예를 들면 이래서는 안 된다고 생각하는 신사가 서서 소변을 보는 것도 그러한 것이다.

나쁜 짓을 하지 못하도록 하기 위하여 이렇게 저렇게 철저한 예방책을 강구해야 된다는 것을 처음부터 정확하게 결정하여 일을 시작해야 할 것이다.

예를 들면 미국의 맥도날드에서는 금전을 취급하는 종업원에게는 스커트를 입히지 않는다. 스커트를 입히면 여성의 인권이 스커트 깊은 근방의 가터 등에 돈을 숨겨 슬쩍해 버리기 때문이다.

그러한 사고를 방지하기 위하여 스커트 대신 전부 노포켓의 슬랙스를 입히고 있다.

더욱이 고용 계약으로 매일 몇 명씩 교대로 거짓말 탐지기에 거치도록 되어 있다. 정기 신체 검사로 체중을 재는 것과 같이 종업원들은 정기적으로 거짓말 탐지기를 거친다.

그 거짓말 탐지기로 가끔 슬쩍한 종업원이 발견되는 적이 있다.

일본에서는 이런 경우, 그 종업원은 그 자리에서 그만두게 되나 미국에서는 다르다. 그만두게 하지 않고,

"두 번 다시 슬쩍하지 마."

하고 경고할 뿐으로 이제까지와 마찬가지로 일하게 한다. 절대 사람 손이 모자라기 때문에 잔소리만 하고 치우는 것은 아니다.

절대로 슬쩍하지 못하게 만전의 대책을 강구하고도, 그래도 슬쩍당했을 때에는 당하는 쪽에도 반쯤은 나쁘다고 생각하는 것이다. 그래서,

"다시는 슬쩍하지 마."

라고 할 뿐 그 사람을 또 고용하는 것이다.

그렇게 되었을 때 일본 사람들은 방지책을 강구하지도 않고 일부러 돈을 슬쩍하도록 해 두었다가 슬쩍했을 때에는 해고를

한다.

나는 이와 같은 일본적인 사고방식은 불합리하다고 생각되어 못 견디겠다.

장사는 전쟁이다. 전쟁이기 때문에 방심하면 집어삼켜진다. 전쟁에 성선설(性善說)을 들이대도 통용되지 않는다. 이겨 남기 위해서는 성악설이 있을 뿐이다.

그도 그럴 것이 일본은 이민족에 의해 정복을 당한 적이 없기 때문에 어디서 어떻게 국민들이 짓밟혀 참담한 지경을 겪지 않았기 때문이다.

내가 회사는 성악설로써 해 나가야 한다고 하니까 그것은 안 된다. 마이홈 주의로 나가야 한다는 경영자가 많다. 사원들은 모두 한 가족처럼 생각하지 않으면 안 된다고 정색하며 말하는 사람도 있다.

그러나 나는 그렇게 생각하는 방법이 틀렸다고 생각한다. 마이홈 주의와 같은 부처님 가운데 토막과 같은 소리를 해가지고는 전쟁에 이길 수 있는 것이 아니다.

경제 전쟁(經濟戰爭)과 가정은 별도다. 내가 성선설을 취하고 있는 것이 아니라, 스커트 깊숙한 곳에 매출금을 감추는 그러한 종업원이 없기 때문이다.

# 24

## 오직 오늘의 장사로 하라

맥도날드는 햄버거를 팔 때, 'Right Now Business'라고 한다. 즉 바로 지금의 장사라는 것이다.

장사를 하고 있는 사람들이 자주 입버릇처럼 중얼거리는 대화에, "오늘은 생각대로 매출을 올리지 못했으니 내일 만회하자." 라는 뜻으로 말할 때가 있다.

그런데 그것은 잘못 생각한 것이다. 장사를 하는 데 있어서 "오늘은 오늘로서 끝났으며 내일은 내일로 다른 날이다." 라고 생각해야 한다.

내일을 기대하니까 기대한 대로 되지 않을 때에는 목을 죄이지 않으면 안 되는 것이다.

장사에는 과거도 미래도 없다. 장사는 '단지 오늘의 장사'가 아니면 안 된다는 것이 맥도날드의 기본적인 자세인 것이다.

'단지 오늘의 장사'라는 것은 특히 소매업을 하고 있는 사람에게 도움이 되는 장사의 '격언'이라고 할 수 있을 것이다.

제 2 장

지식보다 지혜

# 10년 전의 센스로서는 살아남을 수 없다

프로펠러 비행기 시절에는 동경—홍콩간이 8시간 걸렸다. 그것이 제트기로 바뀌면서 동경—홍콩까지는 3시간 남짓으로 가게 되었다. 편리하게 된 것이다. 그와 동시에 바쁜 시대가 되었다. 비행기뿐만이 아니라 모든 일이 제트화되어 가고 있는 것이다.

장사에서도 같다고 할 수 있다. 프로펠러 시대에 1천만 엔을 번 사람은 제트 시대에는 5천만 엔을 벌지 않으면 번 사람에 끼지도 못하게 되었다. 인건비도 올랐고 경상비도 올랐다. 그만큼 벌어들이지 않으면 바로 적자로 되어 버린다.

그런데 자기 자신은 동경에서 오사카로 출장가는데 제트기를 이용하면서, 세상의 모든 것이 제트화되고 있는데 이를 모르고 있는 경영자도 의외로 많다.

"인건비가 올라서 큰일났어."

그와 같은 무사태평한 말을 하고 있다. 개중에는 관련 회사 60개사 중 58개사가 적자를 내어 모회사(母會社)로 하여금 감당해 주고 있다는 글라이더 시대의 경영을 하고 있는 전시대적(前時代的) 경영자도 있다.

"허허 참 세상이 편리해졌어요. 이제 오사카에 빨리 도착할 수 있게 되어 천천히 밥을 먹을 수 있어요. 허허 참 좋아졌어요." 등과 같이 허허 하고 있다면 구제 불능이다. 마치 그 당사자는 지방으로, 지방으로 내려가는 것 같은 시대의 감각으로 사물을 포착하고 있기 때문이다.

제트기에 탄 순간부터,

"좋아, 나도 이제부터 2 배로 스피드를 내어 일해야겠어." 하며 실천하지 않으면 제트 시대를 살아남을 수가 없는 것이다.

그러나 2배의 스피드로 일을 처리하려고 결의했더라도 인간의 능력에는 한계가 있다. 그것을 지탱하기 위하여 컴퓨터가 등장하였다.

시카고의 맥도날드 본사는 글라만GⅡ 라는 자가용 제트 비행기를 가지고 있다. 물론 나는 조종 면허가 없으나, 조종하려고만 하면 나도 조종할 수 있다. 인간이 날리고 있는 것이 아니라 컴퓨터로 날고 있기 때문이다.

컴퓨터를 사용함으로써 목적지까지의 소요 시간에서 주위에 있는 다른 비행기의 유무까지를 알 수 있다.

기업도 이제는 컴퓨터 시대로 돌입했다. 컴퓨터를 유효하게 사용하지 않는 기업은 추락이 있을 뿐이다.

글라이더의 경우는 '아차' 하고 생각되면 조종간을 잡아당겨 착륙하면 위험은 피할 수 있었다.

제트기는 보이스 레코더로 알 수 있듯이 '아차' 하면 끝이다.

더욱이 추락하는 것은 항공기뿐만 아니다. 방심하고 있으면 기업도 추락하고 만다.

# 26

# 쇼윈도는 이미 낡은 방식이다

사장실에서 긴좌통의 사람들의 흐름을 보면서 느낀 것이지만 최근에는 거리를 걸어다니는 사람들의 스피드가 빨라졌다. 제트기나 고속 도로에 비슷하게 사람마저도 스피드 업한 것 같다.

이와 같은 보행자들의 스피드 업은 장사와 매우 큰 관계가 있다. 보행자의 스피드가 빨라졌다는 것은 보행자가 어떤 목적을 가지고 걸어다니게 되었기 때문이다. 목적을 가지고 걸어다닌다는 것은, 그만큼 시간이 없어졌다는 것을 말한다.

보행자들이 목적없이 걸어다니고 있었을 시대에는 할 일 없이 나온 손님들이 간단히 걸려들었던 것이다. 쇼윈도를 열심히 들여다봐 주기 때문에 거기에 시선을 끌 수 있는 물건을 장식해 두면 그것으로 장사가 되었던 것이다.

그런데 보행자가 목적을 가지고 걸어다니게 되고 그 스피드가 1.5배가 되니 쇼윈도는 도움이 되지 않게 되었다. 시골에서 올라온 돈벌이와는 전혀 상관없이 구경하러 올라온 사람은 눈을 둥그렇게 뜨고 들여다봐 줄는지는 몰라도 낚아들여야 할 주머니가 두둑한 손님은 보는 척도 하지 않는다.

그래서 이런 손님들의 눈을 끌기 위해 무턱대고 번쩍번쩍하는 것을 점두에 장식하여 조금이라도 손님의 주의를 끌려고 하게 되었다.

긴좌 뿐만이 아니다. 맥도날드 햄버거를 팔고 있는 동경역 지하도를 걸어가는 통행인의 스피드도 다같이 빨라졌다. 그렇게 되자 이쪽에서도 뭔가로 걸어 잡아들이지 않으면 안 되었다. 그래서 '아침 식사 있습니다'라고 하는 뜻의 그림 간판을 세운 적이 있었다. 아침 식사를 거른 샐러리맨은 '아침 식사' 그림을 보면 갑자기 배에서 꼬르륵 하는 소리를 내면서 배고픈 것을 느끼는 모양이다.

그러자 앞을 다투어 달려왔다.

그 스피드도 해를 거듭할수록 빨라져 이윽고 은어(鮎)에서 제비로 될 것이다. 그때를 대비하여 나는 지금부터 제비를 끌어들일 수 있는 묘책을 간구중에 있다.

# 사람은 앞을 멀리 내다보아야 한다

보행자들의 스피드가 빨라진 것은 일본에서만의 현상은 아니다.

뉴욕에서나, 파리에서나, 로마에서나, 런던에서나, 홍콩에서도 빨라졌다. 이것은 세계적인 현상인 것이다.

내가 보행자들의 스피드가 빨라졌다고 하더라도 곧바로 머리에 와 닿지 않는 독자가 있을 것으로 생각한다. 1, 2년 전과 비교하기 때문에 얼마만큼 빨라졌는지 뚜렷하지 않기 때문이다.

척도(尺度)를 달리하여 100년 전과 비교해 보면 뚜렷해질 것이다.

"천천히, 천천히."

하던 시대와 비교하면 누가 보아도 현재의 걸어가는 스피드 쪽이 빨라졌다는 것은 일목요연하다.

시간으로 보아도 1년, 2년보다는 백년이란 길이로 사물을 보았을 때의 변하는 모습이 확실해지는 것처럼 인간도 멀리에서 보았을 때에 장점, 단점이 잘 보인다.

유대인은,

"사람을 볼 때는 멀리서 보시오."

라고 말한다.

장사에 있어서는 특히 좋은 상대를 택하는 것이 긴요하다. 물론 감정에 치우쳐 상대편을 보는 눈이 희미해지게 되면 지극히 어리석은 일이다. 틀림없는 상대를 택하려면, 사람을 보는 눈을 길러야 하나, 우선 멀리서 본다. 인간은 이중인격이다. 동물적인 일면과 칸트가 말한 것과 같은 이성적(理性的)이고 고상한 일면을 다 함께 가지고 있다.

멀리에서 보면 그 인간의 양면이 보이는 것이다. 가까이 가서 보면 여드름이 났다든지 금이빨을 끼었다든지 하는 것은 잘 보일는지 모르지만 인간이 가지고 있는 두 가지의 면이 어떤 상태로 있는가 하는 것은 오히려 보이지 않게 되는 것이다. 더욱이 가까이에서 보는 것보다는 멀리에서 보는 쪽이 장점이 잘 보인다.

후지산이 좋은 예가 될 것이다. 멀리서 보면 모습도 좋고, 신비스러운 느낌마저 들지만, 막상 오르려고 가까이에 가 보면 구멍난 바위뿐이고 나무는 나 있지 않은 말할 수 없이 험한 산인 것이다.

일본 사람들은 왜 그런지 가까이에서 보기를 좋아한다. 앞으로 앞으로 다가가서 한발이라도 가까이에서 보려고 한다. 그 결과 장점보다도 단점만을 보게 되므로, 장점을 본받는 것보다는 단점을 찾으려고만 애를 쓰게 된다.

그래서는 올바른 판단 같은 것을 내릴 수는 없다.

회사 안에서도 그와 같은 상사는 의외로 많다. 보너스 사정에 있어서도,

"그 자식 어제 건방진 소리를 했기 때문에 감해 버려."

라고 말하기도 한다.

보너스는 그렇게 해서 결정할 성질이 아니다. 반 년 동안이면 반 년 동안 멀리서 그 사람 됨됨이를 보고, 공평하게 결정하지 않으면 안 된다.

나는 근무하면서 사원을 내팽개쳐두고 보고 있기로 하였다. 내팽개쳐두고 보면 볼수록 그 사원이 어떤 사람이고 얼마나 일에 대한 능력이 있는가가 자연히 알려지기 때문이다. 참으로 이상한 일이라 하겠다.

# 기브 앤 테이크는 손해 본다

"후지다 씨, 장사는 기브 앤 테이크예요."

그렇게 말하는 일본 사람이 많다. 나는 그런 말을 들을 때마다,

"나는 자선 사업을 하고 있는 것이 아니예요."

하고 장사를 모르는 일본 사람에게 혀를 차고 만다.

장사가 기브 앤 테이크라니 농담이 아니야.

"기브 앤 테이크."

라고 최초에 말한 것은 예수 그리스도이다. 그리스도는 유대인이므로 '기브 앤 테이크'로 나아가면 돈을 벌 것이라고, 단순히 생각한 사람이 많을 것이다.

역시 그리스도는 유대인이다. 그러나 그는 종교가이지 유대 상인은 아니다. '기브 앤 테이크'는 사람들을 이끌어 가기 위한 종교상의 발언에 불과한 것이다.

명치 이후의 100년간, 일본은 항상 그리스도교 문화의 영향을 받아 왔다. 일본에 도항(渡航)해 오는 외국인의 대부분은 그리스도교이며, 그들은 약간의 체면을 세우기 위하여 '기브 앤 테이크'

라는 그리스도의 말을 무슨 일이 있을 때마다 말했던 것이다.

　그것을 일본 사람들은 장사는 '기브 앤 테이크'로 하는 것으로 착각하고 있는 데 불과하다.

　사람들을 이끌어가는 종교상의 가르침을 장사에 응용한다면 승리할 수 없는 것이다. 성서에 씌어 있는 것은 종교적으로는 틀림없지만 장사에는 사용할 수 없는 것이다.

　종교는 종교, 장사는 장사로 확실하게 분리시켜야 할 것이다. 종교와 장사를 분리하지 않으면 돈을 벌 수 없는 것이다.

## 29

# 장사는 테이크 앤 애스크 포 모어이다

유대 상인은 절대 '기브 앤 테이크'라고 하지 않는다. 기브는 없는 것으로 하고 있다. 취하고 취하기만 하는 그들의 모토는, '테이크 앤 애스크 포 모어'이다. 즉 취한 다음에 '또다시 더 달라'고 하는 것이다.

그렇게 하면 벌 수 있다.

'기브 앤 테이크'는 벌기 전에 먼저 주지 않으면 안 된다. 그러므로 후에 그만큼 벌어도 결국은 원점으로 되돌아간다.

가끔 잘하면 본전이고 못하면 큰 손해를 보지 않을 수 없다.

유대 상인이 '테이크 앤 포 모어'하고 손을 내미는 것은 이쪽에서도 용서없이 챙기고 난 다음에 '더 내라'고 손을 내밀지 않으면 그들에게 맞붙을 수는 없는 것이다.

# 30

## 신주와 조상을 혼돈하지 말라

일본 사람들은 신주(神主)와 조상(祖上)을 혼돈하고 있는 경우가 많다. 그러나 유대인을 비롯하여 유럽에서는 신주는 신주, 인간은 인간으로 선을 그어 구획을 긋고 있다.

인간은 죽어도 어디까지나 인간이며 신주로 되지 않는다는 것이 그들의 사고방식이다.

유대인에게 있어서는 신(神)은 만능이며 인간과는 이질(異質)의 전지전능이며, 인간보다는 훨씬 거대한 존재인 것이다.

그리고 인간은 그 만능으로 말미암아 전지전능으로 거대한 신에게 지배되어 조금이라도 신에게 가까워지려고 노력하고 있는 존재인 것이다.

그러므로 유대인에게는 성공도 실패도 모든 것이 신(神)의 뜻이기 때문에 실로 기고만장하다. 예컨대 실패하더라도 신의 뜻이기 때문에 목을 맬 필요가 없기 때문이다.

한편 일본 사람들은 조상님이 완벽하다고 생각하고 있다. 그러기 때문에 조상님을 신(神)으로 모시기도 한다. 그렇다면 그 조상님이 살아 생전에 완벽했느냐 하면 매우 불완전한 인물로서 나쁜 짓만을 골라 하거나 빚을 지거나 사람을 속이거나 한 품행이 나쁜 사람이기도 한 것이다. 일본에서는 그와 같은 불완전한 인간이 죽으면 바로 완벽한 신이 되는 것이라고 설명하더라도 그런 허무맹랑한 이론을 유대인은 도저히 믿어 주지 않는다.

일본 사람은 불완전한 인간으로부터 '성신(成神)'한 조상에게 매우 의리를 내세우고 있다. 성신이란 기묘한 말이지만 손수 일군 논부자를 '성금(誠金)'이라고 말하는 점에서는 일군 자의 신주(神主)이기 때문에 성신이라고 해도 좋을 것이다.

그것은 그렇다손 치더라도 그 '성신'한 조상님에게 대단한 의리를 내세워,

'엄친의 유지를 이어받아 힘내지 않으면 안 된다'든지,

'돌아가신 엄친께서 하라고 한 것이니 이익은 도외시하고 한다' 등으로 이상한 데에 힘을 들이기도 하고 그것이 제대로 안 되었을 때에는,

'돌아가신 분에게 면목이 없다.'

고 내뱉으면서 고개를 떨구기도 한다.

이래가지고는 돈벌이를 할 수 있는 것을 가난의 부채로 부채질하여 날려 보내는 결과와 같은 것이 된다.

그러나 조상님을 '성신' 취급하는 것은 고사하고, '죽은 사람과 신은 같다'라는 데까지 나아가면 매우 위험스러운 발상이 나오게 된다.

'나라를 위해 죽은 영령에게 죄송하다.'

라고 하는 사고방식이다.

죽은 사람이나 조상님을 중히 여기는 데는 이의가 없으나, 유대인들이 전지전능한 신과 불완전한 인간과는 분명하게 구별짓고

있는 것과 마찬가지로 자연계(自然界)의 절대인 것에 대한 사고 방식과 인간에 대한 그것과는 명확하게 구별지을 필요가 있다.

일본 사람이 신주와 조상을 분리해서 생각하게 된다면, 일본 사람들은 더욱 자유로이 기고만장하게 발상할 수 있을 것이다.

요즘과 같은 시대에 실패를 조상님과 연결지어 이렇게 되어 조상님께 면목이 없다고 자기를 책망한 나머지, 더욱 상황을 나쁘게 만드는 어리석음은 절대 해서는 안 된다.

장사는 죽은 사람을 위해서 하는 것이 아니고 살아 있는 자기를 위해서 해야 할 것이다.

# 31

## 지식보다는 지혜

유대인은 일본 사람의 조상님께 면목이 없다 하는 식의 빈약한 발상법에 비교하여 훨씬 머리가 유연하다.

상대성 원리로 유명한 아인슈타인 박사에게는 친척과 그 연류자가 많아 총계 11가정이나 된다. 아인슈타인 박사는 물론 유대인이다.

그 가정중에서 아인슈타인 박사의 사촌인 월렌슈타인 씨가 있었다. 그 사람은 과학자가 아니고 상인(商人)이며 나의 친구이기도 하다.

<유대인의 상법>을 출판한 다음에 미국에서 월렌슈타인 씨를 만났을 때, 나는 그에게 다음과 같은 질문을 했다.

"긴좌의 유대인이라고 말하고 있는 나에게 가르쳐 줄 것은 없을까요. 단 한마디라도 좋으니 뭔가 있으면 가르쳐 주시기 바랍니다."

"인간은 지식보다 지혜를 존중해야 해요. 그것뿐이에요."

월렌슈타인 씨는 즉석에서 대답했다. 나는 과연 그러하다고 생각했다.

  '지식'이란 많은 사람들과 만나 많은 정보를 모으는 일이다. 그러나 정보는 모으는 것만으로는 도움이 되지 못한다. 정보는 무언가를 창조하고 활용하는 데서 살아나는 것이다. 그리고 무언가를 창조하는 활동력이 되는 것이야말로 지혜인 것이다.

  내가 남의 처마끝을 빌려 쓰는 방법을 생각해낸 것도 웰렌슈타인이 말한 지식보다도 지혜를 알게 모르게 실천하고 있었던 것이다.

  지혜는 단순히 인간에게 있어 중요할 뿐만 아니라 부(富)를 창조해 가는 데도 중요한 열쇠가 되는 것이라고 말할 수 있다.

## 32

# 장사는 올 오어 낫씽이다

수년 전까지 나는 뉴욕이나 시카고의 유대인들로부터,
'미스터 피프티, 피프티.'라고 불리었다.

이것은 나로 봐서는 굉장히 본의가 아닌 호칭이었다.

나는 자기 이름의 발음에 대해서는 특별히 신경을 써서 명함
에서부터 후지다 상점의 영수증에 이르기까지 '후지다 덴(덴으
로 발음해 주세요)'이라고 인쇄해 둘 정도였다. 즉 후지다 덴만
이 고유명사가 아니고 괄호 안의(덴으로 발음해 주세요)까지가
고유명사임을 말해 놓고 있는 것이다.

그런데도 불구하고 유대 사람들은 '미스터 덴 후지다'라고는
불러 주지 않았다.

"미스터 피프티, 피프티."

─우리말로 고치면 5푼 5푼이다.

"헤이, 미스터 피프티 피프티."

라고 부르는 것은,

"겨우겨우 5푼 5푼(중간치)이군."

이라는 것이다. 즉 그들은 나를 놀리듯이 부르고 있는 것이다.

확실히 일본 사람들은 어떤 트러블이 일어나면 중간을 취하여 5푼 5푼(중간치)으로 결정짓기를 좋아한다.

나도 처음에는 일본 사람들의 성격을 그대로 노출시켜 유대인을 상대로 뭐라고 말하면, '피프티 피프티'를 연발했던 것이다. 그것을 유대인들은 놀렸던 것이다.

유대인은 10미터를 10킬로미터, 5분간을 1시간으로 생각할 정도이므로 결론을 흐리멍텅하게 하여 피프티 피프티로 결정짓는 방식으로서는 절대 납득이 되지 않는다.

그들은 항상, 장사는 올 오어 낫씽─전승(全勝)이냐, 전패(全敗)냐인 것이다.

"5푼 5푼(중간치) 따위의 흥정은 유대 상법에는 없다. 장사란 그와 같이 엄격한 것이다."
라고 말하는 것이 유대인의 태도이다.

'장사'라는 것은 인간의 욕망과 욕망이 불을 번쩍 내면서 부딪치는 데서 스타트한다.

당연히 트러블은 따라다니게 마련이다. 그리고 모든 것에 원인과 결과가 있는 것과 마찬가지로 장사에 있어서의 트러블에도 원인이 있다.

그 원인을 추구해 가면 어느 쪽이 나쁜가를 확실히 알 수 있다.

유대인과 트러블에 직면하게 되면 철저하게 원인을 추구한다. 어느 쪽이 잘못인가는 확실하게 드러나 있으므로 매우 스피디하게 마무리가 되며 뒤에 응어리는 남지 않는다.

■ '그럭저럭' 주의는 통용되지 않는다.

그런데 일본 사람들은 원인을 추구하려 하지 않고 '그럭저럭' 마무리지으려고 한다.

"아냐, 나도 나쁘지만 당신도 나빠요. 그러니 이러쿵저러쿵 이야기하지 말고 이쯤해서 중간치를 잡아서(절반으로 잘라서) 끝내지 않겠어요."

실로 장사에 대한 사고방식이 매우 후하다.

외국 상인들은 일본 사람들의 그 후함(厚)을 놓치지 않고 그곳을 찌르는 것이다. 외국 상인들은 자기에게 트러블의 원인이 있어도 일본 사람들이 결코 그 점을 추구해 오지 않는다는 것을 알고는 판에 박은 듯이 크레임을 걸어온다.

"일본 사람에게 하룻밤만 달라붙으면 꺾이고 만다."

그들은 그렇게 말하면서 일본 사람들의 엉터리 가감(加減)을 비웃으면서 분명히 일본 사람 상대에서 벌고 있는 것이다. 사소한 것에도 크레임을 걸면 일본 사람들은 중간치로 마무리하려고 한다. 8푼, 2푼으로 자기가 불리하더라도 크레임을 걸기만 하면 5푼 5푼(중간치)이 되므로 그만큼 벌게 된다고 하면서 비웃는 것이다.

돈벌이가 하고 싶으면 유대 상법의 '올 오어 낫씽' 정신을 몸에 익히는 것이 선결 문제이다. '올 오어 낫씽'이 부(富)를 낳는 사고 방식이라면, '5푼 5푼(중간치)'은 점점 벌 수 있는 것을 토해 버리는 상법이라고 할 수 있는 것이다.

아무리 '엔(円)'이 강하다고 자만해 보았댔자 일본 사람이 중간치 상법(5푼 5푼 상법)을 버리지 않는 한 국제 경제 전쟁에서 승산은 없는 것이다.

# 인과율에 따라가는 유대 상법

모든 것은 원인이 있으므로 일어난다고 하는 것이 인과율(因果律)이다. 인간이 존재하는 것도 양친이 있기 때문이며 성질이 급하다든지, 머리가 좋다든지 하는 개인개인의 성격도 양친의 유전에 의하는 데가 많다.

그러나 모든 것을 인과율로 결정해 버린다면 인생의 참맛이 없어져 버려 재미가 없다. 그래서 나오게 된 것이 인간의 자유 의사(自由意思)이다.

그런데 그 자유 의사는 극히 귀찮은 것이다. 모든 것을 인과율로 결정하는 한 인간은 다치지는 않지만 자유 의사가 있기 때문에 사형에 처해지는 경우도 있을 수 있는 것이다.

예를 들면 도발적인 스타일의 여성을 보고 욕망에 못이겨 강간하고, 잘못하여 죽게 만들었다고 하자. 도발적인 여성을 보고 강간하는 것은 인과율로서는 당연한 것이라는 견해를 가지면 그 남자는 처벌받지 않게 되겠지만 아무리 보아도 그것은 인과율이 아니기 때문에 자유 의지로써 범법하여 죽였다고 보게 되는 것이다. 그래서 사형 판결을 내리게 되는 것이다. 범죄인의 처벌은 그와 같이 인간에게는 자유 의지(自由意志)가 존재한다는 가정하에 행해진다.

그렇게 보면 인간은 어느 정도의 자유 의지를 가지며, 어느 정도의 인과율에 따르고 있는 것이라고 말할 수 있는 것이다.

그래서 유대인은 인생이 재미없더라도 무미건조하더라도 인간의 인생은 처음부터 정해진 인과율에 따르면서, 자유 의지는 가급적 억제해 버린다. 인과율을 억제하여 자유 의지를 밀어내는 것은 종교, 윤리, 도덕 등과 같이 한정된 분야에 있어서만이다.

특히 장사에 관해서는, 인간의 일체의 자유 의지를 감추고, 인과율(因果律)만으로 싸우는 것이 유대 상법이다. 인과율에서는 모두가 원인과 결과가 정해져 있다. 정해져 있는 것에 따르는 것이므로 절대 손해는 보지 않는다. 잘못하더라도 벌게 되는 것이다.

한 가지 예를 들어 보면, 인간에게는 수명이 있다. 그것은 인간의 자유 의지로써는 될 수 없다고 하기 어려운 사실이다. 그래서 유대인은 자기의 수명을 헤아리면서 장사를 한다.

자기는 이 이후에 몇년밖에 살지 못하므로 남은 인생에서 얼마를 벌고 그 돈을 어떻게 쓸 것인가 하는 것까지 계산해 가면서 살고 있다.

인과율에 따르면서 실로 엄격한 생활 방법을 취하고 있다고 할 수 있다.

이기기 위해서는 엄격함이 필요하다는 것은 무엇보다도 프로야구와 발레볼의 트레이닝하는 예를 굳이 인용할 필요는 없겠지.

유대인의 엄격함에 비하면 일본 사람의 장사에 대한 생각은 문제가 되지 않을 정도로 느슨하다.

대기업에서 낙하산 인사로 자리에 앉은 임원이 기업의 엄격함

에 따라갈 수 없어서 낙오하는 예는 헤아릴 수가 없으나, 엄하다
고 하는 사기업(私企業)에서도 역시 유대인의 기업에 비하면 엄
격함이 부족하다.

임원들은 미지근한 탕 속에 들어 있는 것과 마찬가지이므로
바깥에는 나올 수가 없다. 나오면 바로 감기에 걸려 못 견디게
되기 때문이다.

특히 장사에 관해서는 인과율만으로 싸우는 그들의 엄격함을
배우고, 올 오어 낫씽에 철저해야 할 것이다.

## 34

# 제트 시대에도 통용되는 78대 22의 우주 법칙

졸저 <유대인의 상법(商法)>은 폭발적인 판매를 기록하였다. 그리고 나에게는 수천 통에 이르는 독자로부터의 편지가 쇄도하였다.

그와 같은 독자 여러분의 편지 속에서 내가 감탄한 것은 <유대인의 상법>에 씌어 있는 유대 법칙을 그대로 장사에 적용시켜 성공한 사람들로부터의 감사 편지였다.

<유대인의 상법> 속에서 나는 유대인의 상법의 기초가 되고 있는 법칙에 '78대 22의 우주 법칙'이 있다고 썼다. 자세한 것은 <유대인의 상법>을 읽어 보도록 하고 간단하게 복습해 보면 정사각형과 그에 내접(內接)하는 원(円)의 면적의 비율은 약 78대 22이며, 공기중의 성분 질소 78에 대해 산소, 기타가 22이며, 사람의 몸도 수분이 78이고 그 나머지 물질이 22의 비율로 되어 있다는 것이 '78대 22의 우주법칙'의 내력이다. 그리고 돈 버는 법칙도 78대 22라고 나는 썼던 것이다.

그 법칙을 응용하여 돈을 번 독자들로부터 감사의 편지가 온 것이다.

그 사람은 맨션을 건설하여 분양하고 있는 건설 회사의 사장인데, 그 편지의 내용을 간추려 말하면 다음과 같은 것이었다.

"나는 맨션의 분양업자인데 맨션도 말씀대로 78대 22입니다. 나는 맨션을 설계할 때마다 주거 부문과 골마루나 베란다, 현관 등 공유 부분의 면적 비율에 고민해 왔습니다."

공유 면적을 20퍼센트로 하고, 주거 부분을 80퍼센트로 하는 80대 20으로서는 공유 면적이 너무 좁아서 팔리지 않습니다. 그렇다고 비율을 75대 25로 했다가, 70대 30으로 하면, 공유 부분이 너무 넓어 텅 빈 느낌인 것입니다.

그런 때에 후지다 씨의 <유대인의 상법>을 읽고 반신반의하면서 주거 부분을 78퍼센트, 공유 부분을 22퍼센트로 해 보았습니다.

그런데 놀란 것은 78대 22로 했더니 모든 것이 잘 되어가는 것이었습니다. 그 맨션은 발매 후 수일만에 완전히 매진되었습니다. 덕분으로 우리 쪽에서는 크게 벌었습니다.

<유대인의 상법>의 정가는 400 엔이었으나, 400 엔의 노하우료는 굉장히 싸다고 생각했습니다. 대단히 고맙습니다.

하는 편지였다.

나는 이 편지를 읽고,

"무슨 그런 말을 하고 있어요. 그런 것은 몇천년 전에서부터 익히 알고 있는 일이 아닙니까?"

하고 혼잣말을 했으나 <유대인의 상법>을 읽고 곧바로 몇백만 엔, 몇천만 엔을 번 사람이 나타난 것을 마음속으로부터 기뻐했던 것이다.

더욱이 그 사장은 고맙다고 말했으나 사례는 1전도 보내 오지 않았다. 역시 그런 것이다.

그건 그렇다손 치고 그처럼 78대 22라는 유대의 우주 법칙이 제트 시대인 오늘에도 훌륭하게 통용된다는 좋은 예가 된 것이다.

"부자들 사이에서 유행하는 것과 대중들 속에서 일어나는 유행에 있어서는 부자들 사이에서 유행한 쪽이 수명이 길다."

라는 나의 지론에 대해서 오카야마 의대의 어느 교수가 전화를 걸어왔다.

"그대로라고 생각합니다. 볼링 말이에요, 그것이 대중 속에서 일어났던 유행이기 때문에 순간적으로 안 되고 말았어요."

그 교수는 전화통에다 대고 계속 그렇게 힘주어 말하고 있었다. 독자란 고마운 것이라고 생각되었다.

## 날인란은 적게 하라

세상은 제트 시대로 접어들고 있는데 여전히 서류에는 날인하는 난이 많으며 서류가 천천히 평사원에서 계장, 계장에서 과장보좌, 과장보좌에서 과장, 과장에서 차장, 차장에서 부장으로 올라가고 있는 기업은 아직도 많다.

이것은 명치 유신 이후에 창립된 일본의 기업이, 관청의 조직과 운영 방법을 본딴 시대의 산물이다. 이것으로는 제트 시대에 뒤떨어질 뿐이다.

문명에는 관료 지도형과 민간 지도형이 있으나, 일본의 경우는 분명히 관료 지도형이다. 그리고 세계 각국을 바라보면, 관료 지도형(官僚指導形)인 나라는 예외없이 저개발국이다. 일본도 체질적으로는 저개발국과 오십보 백보인 것이다.

유대인의 회사에는 임원은 사장과 부사장 두 개밖에 없다. 나머지는 어시스턴트이거나 셀렉터리이다. 따라서 서류가 임원들의 결재를(도장을) 받기 위해 사내를 우왕좌왕할 필요도 없게 된다.

제트 시대를 이겨내려면, 날인란을 줄이고 '즉결'하는 것이다. 1주간 결재, 1개월 결재, 1년 결재로서는 문제가 있는 것이다.

# 36

## 연출의 차이가 승패를 결정한다

일본 사람들은 희로애락을 밖으로 나타내지 않는 탓인지 연출이 서툴다. 말하자면 '무' 연출가뿐인 것이다.

그러나 제트 시대의 장사는 연출이 중요한 역할을 하고 있다.

품질의 열악은 상품은 별도로 하고라도 오늘날에는 브랜드 상품의 우열의 차이는 없어졌다. 그러므로 어떤 연출로써 팔 것인가이다.

연출이 좋으면 팔리고 연출이 서툴면 팔리지 않는다. 정말 플러스 연출의 시대라고 할 수 있다.

예를 들면 그리 고가(高價)가 아닌 액세서리라도 좋은 상자에 넣어 겉에,

"사랑하는 사람에게 모든 사랑을 담아 ……."

등과 같은 문구를 써서 여자에게 선물을 한다면 결과는 마음을 끌게 된다. 물건에 마음이 끌리는 것이 아니라 연출에 이끌리게 되는 것이다.

그 비율은 물건을 22로 하면 연출이 '78'. 모든 것이 연출로 인한 비중이 물건 자체보다 크다.

기업에도 당연히 연출은 필요하다. 미인 사원을 고용하여 접수구에 앉히는 것도 연출이다.

그 미인을 1 퍼센트 이용함으로써 제트 시대에 부합되는 이익을 올리지 않으면 안 된다. 그러한 기업이 늘어날 것이다.

셀러리맨의 경우에도 브랜드 상품의 품질이 균일화된 것처럼, 셀러리맨으로서의 능력에 큰 차이가 없어지고 있다. 능력을 발휘하여 인정을 받으려는 것은 용이한 일은 아니다.

그렇다면 그 후에는 어떻게 자기를 연출하는가에 달려 있다.

# 37

## 1분이라도 빨리 물건을 배달하라

내가 경영하고 있는 후지다 상점에서는 골프 장비도 수입하고 있다. 수입 가격은 항공편인 경우에는 선편인 경우에 비하여 운임이 1세트에 5천 엔 정도 비싸다. 그래서 이제까지는 오직 선편(船便)에만 의존해 왔다.

더욱이 선편인 경우는 항공편보다 3개월 정도 늦어진다.

그런데 지금의 골프는 선적해서 운반해 올 때까지 기다릴 수가 없는 것이다.

"5천 엔 비싸도 좋으니 항공편으로 운반해 달라."

라고 한다. 약간 비싸더라도 빨리 갖고 싶다는 것이다.

제트 시대에는 약간 비싸더라도, 1분이라도 빨리 손님에게 물건을 배달하는 것이 승리하는 것이다.

바로 시간은 금인 것이다.

# 38

## 현금이 우선이다

골프는 지금 한창 미친 듯이 붐이 일고 있다.

무엇보다 항공편으로 수입해 오는 비싸게 먹히는 골프 창구가 하네다 비행장에 도착한 지 2시간이면 바닥이 나 버리는 것이다.

나는 미국의 프로페셔널 골퍼즈협회의 공인 장구인 'PGA'를 취급하고 있는데 한꺼번에 5백 조를 수입해 와도 대리점이 3백 개 이상이나 되므로 1개 대리점에 1조 정도밖에 할당이 되지 않는다. 그러므로 물건을 서로 빼앗다시피 하여 2시간이면 매진되어 버리는 것이다.

그렇다면 수입을 더욱 늘리면 될 것 아니냐고 하겠지만 수입할 물건이 없기 때문에 손을 드는 것이다.

그런데 일본에서는 근년에 들어 골프 붐으로 골퍼의 수는 여느 때의 3배 이상으로 급증했다. 너무나도 골프, 골프의 시대가 온 것이다.

그런데 일본의 골퍼가 3배로 늘었다고 해서 미국의 제조원에서는 제조를 한꺼번에 3배로 늘리는 것은 아니다. 만드는 수량은 종전 그대로이다.

그렇기 때문에 장비의 절대량이 부족한 것은 당연하다.

그래서 하네다 공항에 도착하여 2시간 만에 팔아치우는 상태로 되어 버린다.

그렇게 되자,

'물건을 보내라, 도착 즉시 현금으로 지불'한다는 손님은 뒷전으로 돌려 놓는다. 현금을 먼저 지불한 사람 순으로 보내 주지 않을 수가 없다.

이제까지 일본에서는 'COD'=캐시 언 델리버리=의 상법(商法)이 상식이었다.

그러나 앞으로의 장사는 'CBD' 즉 캐시 비포어 델리버리=
'현금 선불'로 해야 한다.

현금을 먼저 받는 것이므로 이보다 확실한 장사는 없다. 버는 비결은 가급적 현금을 빨리 손에 넣는 방법이다. 그렇게 하면 가령 상대편이 도산하여 행방불명이 되더라도 손해보는 일은 없다.

그런 뜻에서는 캐시 비포어 델리버리만이 버는 상법 중의 상법(商法)이라고 말할 수 있을 것이다.

## 39

# 장사는 타이밍이다

지난번에 나는 하코네에서 PGA의 골프 클럽의 딜러(자기 판매업체)를 모아 위로회를 겸한 골프 대회를 했다. 그리고 그 좌석에서 나는 모든 것을 털어놓았던 것이다.

"지금이야말로 대단한 골프 붐이다. 골프 장구를 취급하는 사람들에게는 천재일우의 찬스가 도래하고 있다. 그런데 누구도 이것이 큰 찬스라는 것을 알지 못하고 있다. 붐이 일고 나면 반드시 비틀거리는 때가 온다. 지금이 판매 타이밍인 것이다. 나는 이 골프 붐의 수명은 3년으로 보고 있다. 딜러 여러분들은 이 3년 동안에 얼마나 장비를 파는가가 승부이다. 골프는 이제 불이 붙어 언덕을 뛰어오르고 있는 상태이다. 그에 편승하여 언덕을 뛰어올라 팔고, 팔고 팔아치워야 한다. 이 천재일우의 찬스를 놓치면 돈벌이는 영영 멀리 가버리고 만다. 이 대회가 끝나면 곧장 점포로 되돌아가 찬스 장구를 팔고 팔아치워서 몽땅 벌어 주기 바란다. 알겠습니까, 내일부터 팔아치우는 것입니다."

나의 이야기를 듣고 대회는 이제 그만하고 돌아가서 장구를 팔자는 사람도 있었으나 파는 찬스는 확실히 포착하지 않으면 안 된다.

# 40

## 신파극도 중요한 연출 효과이다

이 대회에서 나는 PGA의 일본 담당 매니저인 켄 데빈 씨와 라운드를 하고 있었으나 그는 내가 사용하고 있는 장비를 보고는 화를 냈다. 화를 낼 만도 한 것이 PGA의 장구를 사용하지 않고 있었기 때문이다.

"PGA의 대회에 PGA 이외의 장비를 총판매책인 미스터 후지다가 사용하다니 무슨 짓이냐?"

라고 하는 것이었다.

"나 역시 PGA를 사용하고 싶습니다. 그러나 다 팔리고 내가 쓸 것도 없는 상태입니다. 좀더 증산해 주지 않으면 안 되겠어요."

내가 그렇게 말하자 PGA의 매니저는 팔장을 끼고 생각에 잠겼다.

"그렇게 장구가 모자란다면 진심으로 본사에 재촉하지 않으면 안 되겠군."

그는 심각한 얼굴을 하며 미국으로 되돌아갔으나 그것은 모처럼의 천재일우의 찬스에도 일체 증산하려고 하지 않는 PGA에 대하여 내가 꾸민 일대 연극이었던 것이다.

　물론 나는 자신이 팔고 있는 PGA의 장비는 가지고 있었으나, 그의 앞에서는 일부러 사용하지 않았던 것이다.

# 41

# 바겐세일은 하지 말라

골프 붐을 배경으로 백화점에서는 골프 장구의 바겐세일이 한창이었다.

스폴딩, 마그레거, 벤 호건…… 등. 모두가 바겐세일로 마구 팔리고 있었다.

그러나 PGA 골프 장비만은 절대 바겐세일하려고 하지 않는다.

값이 비싼 것은 고사하고, 감히 전미국 프로골퍼협회 공인의 장비이기 때문에 만일 재고가 있다손 치더라도 내가 방출하지 않기 때문이다. 재고가 있더라도 바겐세일하는 업자에게는 한 개도 팔려고 하지 않는다.

나를 거치지 않은 PGA 장구가 만약 바겐세일을 하게 된다면, 나는 현금 뭉치를 들고 달려가서 값에 상관하지 않고 모두 사 버린다.

그 때문에 PGA 골프 장비는 '환상의 장비'라고 말할 정도로 귀중하게 취급되고 있으나, 나는 자기가 팔고 있는 상품에 그만큼의 긍지를 가지고 있는 것이다.

일본에는 슬픈 일이지만 긍지를 갖지 않는 상인이 너무 많다.

긍지를 갖지 않고 바겐세일 같은 것을 하기 때문에 더욱이 벌지 못하는 것이다.

팔고 팔아치우는 것도 중요하지만, 그전에 자기가 파는 상품에는 목숨을 내걸 정도로 진실함이 필요한 것이다. 돈을 지불하는 손님은 돈을 주는 것만큼 진실한 태도로 사러 오는 것이다. 파는 쪽에서도 진실하지 않으면 안 된다.

# 남보다 2 밀리미터 앞서라

성공하느냐 않느냐의 차이는 아주 약간의 차이이다. 그 약간의 차이에 따라 성공하느냐 않느냐가 결정된다.

제트 시대, 앞날을 겨냥하고 있는 로케트 시대에는 그 약간의 차이가 큰 의미를 가진다. 달 로케트를 발사할 때에 조금이라도 흔들리면(차질이 생기면) 달에 도착할 수 없는 것과 마찬가지로 약간의 차이로써 결과는 크게 달라진다.

"천천히, 천천히."

의 시대에는 뒤따라가는 것은 실로 간단했다. 말을 타고 달려가면 됐었다. 그런데 1분 전에 출발한 제트기에 뒤따라갈 방법은 없다. 제트 시대에는 남보다도 한걸음 앞서 스타트를 끊는 것이 중요하다.

## ■ 30분 지각하려면 회사에 오지 말라

즉 10미터는 10킬로미터라는 유대의 법칙은 제트 시대에는 '시간'에 관해서도 그대로 대입시켜 생각할 수 있다.

아침에 특히 바쁘고 오후부터는 한가해지는 회사에서는, 아침

바쁠 때의 5분간은 오후에 한가한 때의 1시간에 상당한다. 5분간이 1시간에 상당하면, 아침의 15분간은 한가한 시간의 3시간에 해당한다. 만약 그 회사의 셀러리맨이 15분간 지각하면 그 회사는 한 사원이 3시간 쉰 것 만큼의 손해를 본다. 그러므로 15분간 지각했으므로 15분간의 페널티로써 끝내 주면 될 것 아니냐고 하는 생각은 성립하지 않는다. 페널티를 과하려면, 3시간 분의 페널티를 과함이 당연한 것이다.

그와 같은 회사에서 40분 지각하였다고 하면, 그 사원은 사원 실격(社員失格)이다. 8시간 상당분 쉰 것과 마찬가지이므로 회사측으로서는 출근하지 않는 편이 낫다.

장사의 경우에도 마찬가지이다. 아침의 15분과 오후의 15분이 마찬가지라고 생각한다면 아무리 해도 벌이가 안 된다.

사람의 몸에는 2밀리의 가시가 들더라도 아프다. 긴요한 것은 남보다 2밀리 앞서야 한다는 것이다.

그렇게 하면 놀라울 정도로 벌 수 있다.

# 43

## 문을 닫아서는 안 된다

사람이 바쁘게 되면 유독히 기가 날쌔지는 것이다. 재미있는 일은 장사에 관해서는 5푼 5푼(중간치)을 좋아하며 의연한 태도를 취하지 않는 일본 사람이지만 어떻게 된 셈인지, 사람에 대해서는 좋고 싫은 감정을 노골적으로 나타낸다.

"저 녀석은 마음에 들지 않는다. 저것은 쓰레기다!"

놀라울 정도로 흑백을 가린다. 이야기가 꼬이거나 하면, 손에 쥔 찻잔을 바닥에 내던지고 저런 새끼와는 근본적으로 이야기가 안 된다고 하면서 씩씩거리는 일도 흔히 볼 수 있다.

나는 세계의 유대인으로부터,

"후지다는 긴좌의 유대인이야."

라고 부르게 되면서부터 그들로부터 여러 가지의 어드바이스를 들어왔으나, 일본 사람들의 이러한 감정을 그대로 노출하는 점에 대해서도,

"문을 걸어 잠그면 안 되요, 후지다 씨."

하고 충고를 준다.

"유대인은 문 안에 한 발을 들여놓고 절대로 문을 닫지 못하

게 한다. 인간이기 때문에 내일 마음이 바뀌지 않는다고는 할 수 없다. 그런 때를 위해서 말이야."

유대인은 그렇게 말하면서 한쪽 눈을 지그시 감아보였다.

장사에 있어서 이와 같은 일은 중요한 것이다. 찻잔을 던지고 문을 닫아 버린다면, 두 번 다시는 그와는 거래가 안 되게 된다.

그러나 아주 작은 틈새를 두게 되면 거기에서 거래가 부활되는 일도 있을 수 있는 것이다. 그리고 그 때문에 팽대한 이익을 얻을 수도 있는 것이다.

유대인은 5천 년이란 역사 속에서 그와 같은 장사의 지혜를 발견해 낸 것이다.

"저 자식은 쓰레기다."

라고 못을 박아버린 그 쓰레기 자식이 뜻밖에도 힘을 발휘하는 일은 종종 있는 일이다.

아무리 제트 시대로서 바쁘더라도 장사에 감정을 개입시킨다는 것은 엄격히 조심하지 않으면 안 된다. 냉정하게 상황을 파악해야만 바른 판단을 내릴 수 있는 것이다. 골프에 있어서나 야구에 있어서나 프로가 보면 이런 일들은 더욱 확실하게 알 수 있다. 프로는 감정적으로 될 수는 있지만 곧바로 냉정을 되찾아 플레이를 계속한다.

감정에 쫓기어 돈벌이를 허사로 만들어 버리는 사람은 상인(商人)이 될 자격도 부(富)를 쥘 자격도 없는 것이다.

상인은 어디까지나 '돈 버는 프로'가 되어야 한다.

# 항상 위기 의식을 가져라

일본 사람들은 실로 천하태평이다. 베트남에서 전쟁이 일어나
건, 달러의 절하(切下)가 있건 춘풍화창(春風和暢)하다.

그런데 유대인을 만나보면 곧 알 수 있듯이 그들의 사고방식
의 근본에는 항시 '위기 의식(危機意識)'이 있다.

오랫동안 박해를 계속 받아온 역사가 유대인의 마음속에 언제
죽음을 당하는지도 모른다는, 그러한 위기 의식을 심어 놓았던
것이다. 그러므로 유대인들은 항시 비상용 사다리를 준비하고
있다. 달아날 길을 생각하고 있는 것이다.

회사도 영구적으로 계속되는 기업은 있을 수 없다. 언젠가는
도산하고 만다고 보고 있다.

이에 비해서 일본 사람들은 위기 의식이 없으므로 2층에 올려
놓은 사다리를 제거해 버리면 모든 것이 끝장이다. 어떠한 융통
성도 발휘할 수 없게 된다.

그러나 유대인들은 사다리를 제거해 버리면 곧바로 비상용 사
다리로 대체하지만, 일본 사람들에게는 그 준비가 없기 때문에
꼼짝 못하게 되어 버린다. 거기에 차이가 있는 것이다.

위기 의식이 없으면 좋은 지혜가 나오지 않는 것이다. 궁(窮)하면 통(通)한다고 하는 말이 있는데 바로 그 말대로이다.

좋은 발상(發想)의 기본은 위기 의식이라 할 수 있다. 천하태평으로 보이나 일본은 자원이 빈약한 섬나라이므로, 국민들이 일하지 않으면 먹고 살 수 없는 나라인 것이다. 외국으로부터 자원을 수입하여 생활하고 있다는 사실을 잊어서는 안 되며, 외국은 일본이 생각하고 있는 것처럼 돈만을 수출해 줄 것으로 생각하고 있다면 어림도 없는 생각이다. 세계 정세는 불교도에게는 상상도 하지 못할 복잡함과 위험성을 내포하고 있다.

그와 같은 현실에 눈을 돌려 위기 의식을 갖게끔 되면 일본 사람에게도 보다 좋은 지혜(知惠)가 나올 것이다. 위기 의식을 갖는다는 것은 두말할 것도 없이 한 발 앞을 내다볼 수 있다는 것과도 연관되는 것이다.

■ 물 먹인 소는 맛이 없다.

이솝 우화는 아니지만 유럽에 널리 퍼져 있는 이야기가 있다.

아주 가난한 백성이 드디어 가보와 같은 소를 팔아야 할 때가 왔다. 그렇게라도 하지 않으면 먹고 살 수가 없었던 것이다.

일손인 소를 팔려면 남몰래 하자, 어차피 팔려면 좋은 값을 받도록 해야겠다, 그렇게 생각하고 있던 차에, 동리에서 아는 척하는 자가 알려 주었다.

이봐, 무거운 소는 도시에서 비싸게 팔린다고 하던데 말이야.

그 백성은 난감했다. 보다시피 지금 소는 지나치게 부려먹어 뼈만 남은 상태였다. 어느 정도라야지 중량으로 팔 수는 도저히 없었다.

곰곰이 생각한 나머지, 매일 매일 동리앞의 연못으로 끌고 가서 물을 먹였다. 5일, 6일 계속하였더니 소는 푹푹 물살이 찌기 시작했다.

무거운 소는 좋은 값에 팔렸던 것이다.

본래 소는 풀을 뜯어먹고 반추하며, 잘 부려서 단련시키지 않으면, 좋은 살코기를 얻을 수 없다. 물살을 찌게 해서는 맛이 없는 것이다.

■ 원래는 '통화(通貨)의 팽창'

부풀게 한다는 것을 라틴어로는 '인플라레'라고 한다. 이것이 영어로 되어 '인플레'라고 전화(轉化)되었다.

인플레이션=인플레라고 하는 것은 요컨대 어원인 '물건을 부풀게 하다'에서 온 것이다.

이것이 경제용어로서 사용되기 시작한 것은 1861년 미국에서 남북전쟁이 있었을 무렵 미국 정부가 난발한 지폐가 계기가 되었다.

뒷면이 녹색이었기 때문에 '그린 백' 지폐라고 했으나, 그때는 요즘 말로 해서 대단한 인플레이션, 그래서 인플레이션을 '통화의 팽창'이라고 말하게 된 것이다.

옛날에는 전쟁과 내란이 있으면 재정(財政)을 조달하는 방법으로 막대한 양의 불환지폐(不換紙幣)가 발행되었던 것이다. 그래서 물가도 뛰었으나 전쟁이 끝나면 수습되곤 했다.

이것을 흔히들 인플레이션이라고 하며 크게 떠들었던 것이다.

지금에는 상당히 달라졌다.


■ 인플레이션에도 여러 가지가 있다.

인플레이션에도 여러 가지가 있어서 한마디로 말할 수 없는 까다로운 것으로 되어 있다.

다나카 내각(田中內閣)이 속수무책으로 물가 대책에 아예 응하지 않았다. 그러는 사이에 토지, 주택, 공공 요금, 석유, 휴지, 식료품…… 모든 물건이 자꾸만 올라갔다.

"이건, 인플레가 아니고 뭐냐."

서민들의 감각에서 보면 물가고 즉 인플레. 이건 무리가 아닌

말이다. 오늘날에는 심리적인 무드 인플레도 얕잡아 볼 것이 못 된다. 현실적으로 주변 물건이 상당히 올라서 재산, 저축, 급료 의 값어치가 상대적으로 저하하였다.

정의(正義)를 내린다고 하면, 이는 바로 현실 인플레라고 할 것 이다.

그러나 학문의 세계에서는 다른 것이다. 인플레는 이런 것이다. 우선 형태별로 보면 다음 3가지가 있다.

- 크리핑 인플레(몰래 스며드는 인플레)
- 가롭핑 인플레(달음박질 인플레)
- 하이퍼 인플레(급핏치로 상승하는 인플레)

■ 인플레를 일으키는 4가지 요인

그렇다면 훨씬 전문적으로 말하면 우선 4가지 설(說)이 있다.

(1) 디맨드 풀 인플레이션(demand pulI inflation＝수요과다로 인한 인플레)

(2) 코스트 푸시 인플레이션(Cost Push inflation＝생산 원가 상승에 의한 경영 압박)

(3) 수입 인플레이션(imported inflation＝국제 무역에 따라 수 입 비용 inflation이라고도 하며 주요 무역 상대국의 inflation(국제 상품 가격의 상승 등) 때문에 그 영향이 국 내 경제에 미치는 것)

(4) 제도적, 구조적 인플레이션(structural inflation＝초과 수 요나 시장 지배력이 전혀 없더라도 생산성이 높은 산업에 서 임금이 인상되면, 생산성이 낮은 산업에도 곧 파급되 어 전체적인 인플레이션이 일어난다.)

처음의 디맨드 풀 인플레이션이란 것은 요컨대 수요가 어떠한 이유에서 증가되어 공급을 상회하기 위해 야기되는 인플레이션이다.

국민 총수요의 큰 것에는 개인 소비 지출, 정부, 자치 단체의 재정 지출, 민간의 설비 투자, 재고 투자(在庫投資), 또한 주택 투자라는 것이 있으며 이것이 4대 수요이다.

이들이 각각 급증하여 물가 상승을 초래하며 인플레이션을 일으키는 것이다.

전쟁 등으로 재정 지출이 많아서 인플레이션이 되는 경우를 재정 인플레이션, 또한 소비가 급증하는 경우는 소비 인플레이션, 투자 급증은 투자 인플레이션이라고 말하고 있다.

코스트 푸시 인플레이션이라는 것은, 임금이 급상승하여 코스트가 비싸게 먹히며, 이것을 흡수시키기 위해서 제품값 인상에 이르는 것이다. 이것은 모르는 사이에(크리핑) 엄습하는 수가 많다.

수입 인플레이션. 이것은 외국에서 인플레이션이 일어나면, 외국의 상품과 서비스가 비싸지며, 이것을 수입하는 측도 당연히 영향을 받는다. 원료, 제품 다같이 비싼 것을 수입하게 되는 것이다.

제도적(制度的), 구조적(構造的) 인플레이션이라는 것은 이러하다. 첫째, 제도적이라고 하는 것은 정부가 개입하여 인플레이션을 일으키고 있다는 것.

예를 들면 농산물의 가격 지지 정책과 수입 제한책을 취하게 되면, 수요가 늘어나 인플레이션을 일으키는 경우가 있는 것이다.

구조적이라 하는 것은 복잡하여, 물건의 유통 과정이 까다로와서 몇 단계의 마진을 빼앗기게 되어 제품값이 올라버리는 것.

올라도 여러 가지로 파급되는데 이것도 구조적 요인에 든다.

이상과 같이 인플레이션도 여러 가지가 있다.

간단히 '물가고(物價高) 즉 인플레이션'이라고 규정지을 수 없는 복잡한 것이다.

그러나 서민에게는 학자들의 어려운 이야기 같은 건 아예 인연이 없다. 물가가 지속적으로 상승하여, 모처럼의 수입의 값이 떨어져 버리는 것은 이미 인플레이션이라고 생각하더라도 틀리지 않는다.

저축을 해서 집을 지으려고 생각하더라도 땅값과 건물값이 자꾸만 올라 도저히 따라갈 수 없다. 서민에게는 이것이 인플레이션이지 따로 무엇을 인플레이션이라고 할 것인가.

■ 디플레이션보다 무서운 스태그플레이션

그런데 늦은 감이 있는 디플레이션.

이것은 인플레이션의 반대이다. 어렵게 말하면 통화(通貨)의 수축과 물가의 하락(下落)을 말한다. 즉 경제 활동이 아주 둔화되어 수요가 침체되어 버리므로 당연히 물건이 팔리지 않고 공급이 넘치게 된다.

요컨대 불경기가 되는 것을 디플레이션이라고 보면 된다. 물가가 떨어지는 것은 좋은 일이나 불경기가 되면, 수입(收入=賃金)도 오르지 않는다. 어떻든 곤란한 일인 것이다.

끝으로 한가지,

디플레이션이 되면 물가가 떨어지는데 반대로 물가가 오르게 되었다. 불경기하(不景氣下)의 물가고(物價高) 즉 스태그플레이션이라는 것이 그것이다.

유럽이나 일본에서도 종종 그 스태그플레이션 선풍에 휩싸여 고민하는 수가 많다.

석유 전쟁 덕분으로 긴축 정책은 장기화한다. 1974년은 불경기가 찾아왔었다. 그러나 물건 부족으로 물가가 떨어지기는커녕 인플레이션 기분으로 된 것이다.

사람에 따라서는 석유 인플레이션의 물가고라고 하는 것으로 오일플레이션이라고도 한다.

따라서 1974년은 스태그플레이션에 고민하던 해였다.

# 제 3 장

# 제트 사고의 시대가 왔다

# 45

# 정보의 흐름을 캐치하라

동경을 출발점으로 전국 햄버거 망(網)의 수립을 목표로, 나는 오사카에서 나고야에 이르러 맥도날드의 점포를 신설해 갔다.

나고야(名古屋)의 1호점은 카네야마 체육관(金山體育館)으로 유명한 카네야마에다 냈다. 카네야마는 나고야의 중심적인 번화가가 아니었다.

"어째서 그런 곳에 내는 걸까?"

내가 카네야마에 지점을 낸다는 것을 알고는 친구들이 걱정했다.

나고야는 그냥 준다고 해도 '나고야 먼로주의'로 이름나 있는 곳이기도 하다. 외지(外地) 사람이 장사를 하더라도 절대 성공하지 못한다는 징크스가 있다. 더욱이 점포를 내려는 곳이 나고야 중심지에서 멀리 떨어진 카네야마인 것이다.

드디어 뉴턴 이래의 천재로 알려진 후지다 씨도 미쳤다고 모두들 생각했던 모양이다.

나에게는 승산이 있었다. 카네야마에서의 사람의 흐름을 측정하여, 통행인의 스피드와 수량을 조사한 결과, 절대 성공한다고 하는 과학적인 데이터를 포착하였다. 그렇기 때문에 그곳에 점포를 열기로 한 것이다.

그러나 개점 직전에 예기치 않았던 트러블이 생겼다. 맥도날드의 햄버거점이면 어디를 막론하고 점두에 게시한 메뉴에는 그 상품의 컬러 사진이 함께 게시되어 있다.

그런데 개점 전날에 카네야마에 나가 보았더니 시설부의 잘못으로 메뉴에 그 컬러 사진이 빠져 있는 것이었다. 설계도에는 정확히 있었으나 점두에 게시한 메뉴에는 없었다.

나는 화를 냈다.

"나고야와 같이 이제까지 햄버거를 먹어 보지 않은 지역에 처음으로 맛보이는데, 맛있어 보이는 햄버거의 컬러 사진이 없는 메뉴로는 장사가 안 된다. 철야를 하더라도 완전한 것을 만들어라."

그렇게 명령을 했으나 책임자는,

"철야를 하더라도 도저히 무리이며, 정성껏 급피치를 내더라도 1주일은 걸린다."

라고 하였다. 성공한다고 하는 과학적인 데이터를 뒷받침으로 자신이 있었으나 그 말을 듣고는 나는 마음속으로 불안해졌다.

그때 마침 개점 준비차 미국에서 와 있던 디자이너가 함께 있었다. 그는 처음에는 내가 무엇 때문에 화를 내고 있는지를 몰랐던 것 같으나, 사정을 알고는 나에게 말했다.

"사장님, 그렇게 화낼 것까지는 없어요. 햄버거 사진이 없더라도 괜찮지 않아요. 나고야 사람들은 먹어본 적은 없지만 햄버거를 알고 있어요. 맥도날드도 알고 있어요. 나고야는 그렇게 뒤떨어진 곳이 아니잖아요."

나는 낙천가인 미국 디자이너가 말한 것을 참고로 하기는커녕 전면적으로 불안을 해소하지 못한 채로 다음날 개점에 임하게 되었다.

그런데 놀랍게도 첫날부터 손님이 쇄도해 왔다. 미국인 디자이너가 말한 대로 메뉴의 컬러 사진이 없어도 팔리고 팔렸다.

더욱이 그것이 첫날만 팔린 것이 아니었다. 다음날도 호조를 계속하여 오사카점의 매출을 능가하고 말았던 것이다.

## ■ 오사카보다도 나고야를 겨냥하라.

그것은 내가 예상하지도 못했던 일이었다. 솔직히 말해서 나는 잘 팔릴 것이라고 생각했지만 오사카보다는 어느 정도 밑돌 것으로 생각하고 있었다.

그 이유는 나의 생각으로 동경 → 오사카 → 나고야의 순으로 정보가 전파될 것으로 생각하여, 마켓으로는 오사카 쪽이 나고야 쪽보다 위라고 생각하고 있었기 때문이다.

그러나 햄버거가 오사카보다 나고야에서 더 잘 팔린다고 하는 현실 앞에, 나는 그 생각이 틀렸다는 것을 알게 되었다.

그때까지의 정보는 동경 → 오사카 → 나고야의 순으로 전해졌으나 현재는 동경 → 나고야 → 오사카의 순으로 정보가 전해지게 되었던 것이다.

내가 모르고 있는 사이에 정보의 흐름이 달라지고 있었던 것이다.

그것을 알게 되자, 나는 급히 방침을 변경하여 나고야 총공격의 지령을 내렸던 것이다.

정보의 흐름은 항시 살아 있다. 그 정도는 상식 문제라고 생각하여 확인을 게을리 하면 어처구니없는 구렁텅이로 빠지고 만다.

# 고속 도로를 재평가하라

그와 같은 정보의 흐름을 바꾼 주역은 도오메이 고속 도로(東名高速道路)와 컬러텔레비전이었다. 도오메이 고속 도로는 정보가 오사카보다 한발 먼저 나고야에 전해지게끔 물리적으로 나고야를 동경과 가까워지게 하였다. 그럼으로써 나고야 사람들은 자기도 모르는 사이에 오사카 사람보다 동경에 가까워지고 있었던 것이다.

한편 컬러텔레비전은 10년 전과는 완전히 선전 방법을 바꾸었다. 즉 정보를 오사카와 나고야를 동시에 받게끔 해버렸던 것이다.

특히 도오메이 고속 도로는 동경에서 신문 잡지를, 잔소리없이 오사카보다 나고야에 빨리 도착시키는 역할을 해냈던 것이다.

나고야는 신칸센(新幹線)의 출현에 의해서도 오사카보다는 나고야에 가까워지고 있다.

그러나 신칸센은 발차 시간이 정해져 있고, 갑자기 생각이 났다고 해서 밤중에 이용할 수는 없는 것이다. 고속 도로인 경우는 24시간 달릴 수 있으므로 언제 출발하건 자유이다. 마지막 기차 이후에 완성된 상품을 그대로 탁송할 수가 있는 것이다.

그와 같이 신칸센과 같은 철도에는 없는 자유성(自由性)이 있다.

그 고속 도로가 갖는 '자유성'이 정보의 흐름을 어느 정도까지 스무드하게 하였는지는 알 수 없는 것이다.

앞으로, 차례차례 일본 열도에 고속 도로가 완성되어 가지만, 이와 같은 고속 도로의 자유성을 인식한다면, 고속 도로 완성 후에 그 지방에서 성공할 수 있는 장사를 지금부터 예측하여 준비 작업에 들어가는 것도 충분히 가능한 것이다.

지금에 와서는 '나고야는 위대한 시골이다.'라든지 '봉건적이어서 뒤떨어져 있다'든지 '중세적(中世的)이어서 장사가 어렵다.'라고 하는 것은 나고야에 대한 놀림에 가까운 정의이며 이미 사어(死語)가 되어 버렸다고 하지 않으면 안 된다.

모두가 도오메이 고속 도로가 가져온 정보의 흐름의 변화에 의한 것임은 두말할 것도 없다.

햄버거에 관한 한 처음에는 나고야 먼로주의를 개척하지 않으면 안 된다는 비참한 느낌마저 없지 않았으나 뚜껑을 열어 보았더니 봉이었던 것이다.

# 47

# 컬러텔레비전을 공략하라

맥도날드에서는 1973년 3월부터 텔레비전에서 상업 광고를 시작했다.

흑백 텔레비전과 컬러텔레비전에서의 상업 광고의 효과는 완전히 다르다. 첫째 화면에서 받는 박력감이 다르며 설득력의 차원이 다르다. 그것을 장사에 활용하지 않을 수는 없다.

미국에서는 프랜차이즈(franchise＝지역 흥행권)를 각각 많이 만들어 맥도날드, 맥도날드라고 선전시키고 있다.

무엇보다도 텍사스주에서 캘리포니아주로 가는 데도 기차 같으면 수일, 비행기이면 수시간이나 걸리는 광대한 나라이므로 프랜차이즈를 만들어 선전하지 않으면 친숙하게 받아들여지지 못한다.

그런 점에 있어서 일본에서는 다르다. 우선 국토만 하더라도 캘리포니아주나 몬타나주 한 주 정도의 크기밖에 되지 않는다. 그런 나라에서는 일부러 프랜차이즈를 만들어 선전할 필요를 느끼지 않는다.

전국 네트의 컬러텔레비전으로 한번 상업 광고를 터뜨려 놓으면 순식간에 전국을 커버하여 국민의 90퍼센트 정도 정보가 전해지는 것이다.

즉 돈만 들이면 순식간에 전국에 정보를 흘려 장사가 된다. 인간들이 움직이는 것도 빨라졌으나, 정보(情報)의 전해지는 방법도 그만큼 빨라진 것이다.

이제부터 컬러텔레비전으로 선전할 수 없는 기업은 존재할 수 없게 된다고 극단적으로 말하더라도 괜찮을 것이다.

그리고 컬러텔레비전을 선전에 사용하지 못하는 기업이 살아남아 신장하려면, 컬러텔레비전을 사용할 수 있는 기업의 산하에 들어가는 수밖에 없을 것이다.

# 48

# 컬러텔레비전의 CM은 공습이다

전쟁에 비유한다면 컬러텔레비전의 상업 광고는 공습과 마찬가지이다. 종래의 선전은 소위 보병의 돌격인 셈이다.

보병의 돌격과 공습은 공격 효과가 크게 다르다.

보병의 돌격에 앞서 공습을 감행하면 어떻게 될까.

공습을 감행하여 적을 콩가루처럼 만든 다음에 상륙하면 어떨까.

말할 필요도 없이 승리하는 것이다.

전국 네트의 컬러텔레비전의 상업 광고는 일본 전토(全土)에 대한 공습이다. 그 공습이 굉장한 효과를 발휘하여 맥도날드는 모든 곳에서 무혈 적전 상륙을 성공시키고 있는 것이다.

# 시청률은 시간에 구애받지 않는다

텔레비전 방송국들은 각국마다 의논이라도 한 듯, 오후 7시부터 8시까지를 A 타임 8시에서 9시 대를 특 A타임이란 식으로, 요금을 비싸게 매기고 있으나, 나는 그것이 이상하게만 생각되는 것이다.

아무리 '오후 8시대는 특 A타임이다'라고 하더라도 시청자는 동시에 모든 채널을 볼 수는 없는 것이다. 한 개의 국(局)을 보고 있으면, 나머지 다른 국은 아무리 특 A타임이라 하더라도 그 가정에서의 시청률은 제로이므로, 거꾸로 상업 광고 필름을 돌리더라도 효과는 없다.

밤 8시, 9시 대가 '특 A타임'으로서 비싼 요금인데 비해서, 오후의 인기 드라마로서 매우 시청률이 높으면서도 요금이 싼 것이 있다.

인기 드라마이건 특A이건 시청률이 높은 것은 주부이면, 주부라고 하는 어떤 계층에게 보여지고 있다는 것이 나타나므로 광고 효과는 마찬가지이다.

그런데 사람들은 오후 8시, 9시 대가 좋다고 머리속에 박혀 있는 것이다.

텔레비전의 시청률을 나타내는 경우, 시청률이 20퍼센트이면, '20GRP'라고 말한다. 텔레비전 상업 광고에서는 1주일 시청률 합계가 250GRP가 되는 것이 가장 효과적이라고 하는 데이터가 미국에서 나와 있다.

그래서 나는 텔레비전 방송국에 대하여, 시청률의 주간 합계가 250GRP가 되는 것을 사고 싶다고 주문하며 오후 8시, 9시 대에 구애받지 않고, 1주일의 시청률로서 전파를 사고(사용) 있다.

현재는 아직 그와 같은 전파 매체 사는 법을 하는 기업이 많지 않으나, 나는 이런 방법이 텔레비전 전파의 새로운 매입(買入) 방법이라고 생각한다.

텔레비전 회사에 있는 분들도 그런 방법이 가장 효과적이라는 것을 알고 있을 텐데도 이와 같은 방법으로 이용하는 나에게 상을 찌푸린다.

텔레비전의 광고료는 신문, 잡지와 같이 남는 것이 아니고, 곧바로 지워져 버리는 전파(電波)이므로 효과의 측정이나 요금을 정하는 확실한 기준이 없다고 해도 과언이 아니다.

특 A타임으로 고집하는 것이 옳은지, 시청률로써 매입하는 것이 옳은지는 10년쯤 지나야 알겠지만, 어떤 프로를 보고 있을 때에는 동시에 다른 프로를 볼 수 없는 것만큼은 확실하다.

# 50

## 나쁜 씨앗은 개량해야

맥도날드의 텔레비전의 상업 광고 필름은 미국의 광고 회사 글레이와 일본의 광고 회사 '大廣'의 합병 회사에서 만들고 있다. 나는 거기에다 1,200만 엔을 주고 상업 광고 필름을 발주하였다. 그런데 완성된 것을 보고 나는 미칠 것같이 화를 냈다. 맥도날드 햄버거의 장점이 거의 그려져 있지 않았던 것이다.

"안 돼, 이런 필름은. 곧바로 다시 만들어!"

나는 필름을 만든 그들에게 노발대발했다.

"그런데 다시 만들면 또 1,200만 엔이 들어갑니다."

상대편에서 그렇게 말했다.

"괜찮아요, 멋진 것이 만들어지면 다시 1,200만 엔 내겠으나 이번에도 형편없는 것이면 돈은 지불하지 않겠으며 또 화를 낼 거야!"

나는 나의 특유한 목소리로 큰 소리를 질렀다.

"당신의 사장, 맥도날드가 아니라 또다시날드이구먼."

필름 제작자들은 나의 부하들에게 그렇게 투덜거렸다는데 다음에 만들어낸 것은 누가 보아도 걸작이었다.

"그것 봐, 멋진 것이 만들어졌지 않나, 이런 것을 왜 처음부터 만들지 못했을까!"

나는 칭찬하면서도 다시 한번 고함을 질렀다. 청부를 맡은 CM 필름제작 회사는 자신만만한 작품을 퇴짜맞은 것은 처음이 었다고 말하면서 사운을 걸고 다시 만들었다고 하였다. 컬러텔 레비전의 상업 광고 필름은 기업에 있어서는 최대의 공격 무기 이다.

1,200만 엔, 과분한 출자가 되는지 모르지만 2,000만 엔이 들더 라도, 절대 괴상한 것으로는 타협해서는 안 된다고 생각한다.

내가 1,200만 엔을 내던진 것은 그 나름대로 이유가 있다. 상 업 광고 필름은 1,200만 엔이지만 이것을 방영하는 전파료는 몇 억 엔이란 거액인 것이다. 몰골 사나운 것을 방영하면 몇억 엔이 란 전파료가 완전히 허사가 되고 마는 것이다.

그와 같은 거액의 전파료 앞에는 1,200만 엔의 필름대 같은 것 은 몇 프로 정도의 보잘것없는 것에 불과하다.

상업 광고 필름은 말하자면 광고의 '씨앗'이다. 나쁜 씨앗은 개량해서 심지 않으면 큰일이 나는 것이다.

# 51

# 텔레비전 상업 광고를 시작한 이유

나는 맥도날드의 1호점을 긴좌 미쓰고시에 낸 것을 시작으로, 당초에는 차례차례로 처마끝을 빌어서 점포를 냈다.

백화점은 아시다시피 사람을 모으는 힘이 있다. 나는 그것을 이용하였던 것이다.

그러나 이와 같이 맥도날드 햄버거가 유명해지자 맥도날드 자체에 사람을 모으는 힘이 붙었다.

현재에는 백화점의 사람을 모으는 힘과 맥도날드의 사람을 모으는 힘이 상승 효과를 발휘하여, 맥도날드에 처마끝을 빌려 주고 있는 백화점은 모두가 대성황을 이루고 있다.

맥도날드는 앞으로도 백화점(百貨店)과 공존공영 노선(共存共榮路線)을 지속해 갈 작정이다.

그러나 백화점이 없는 지역의 사람들에게도 햄버거를 제공하지 않으면 안 되게 되고 있다. 시대가 햄버거를 요구하고 사회가 요구하기 때문이다.

그 요구에 따라 개업 3년째가 되니 백화점 이외에도 진출하였다.

이러한 점포에는 백화점에 상응하는 강력한 원군을 보낼 필요가 있다.

그래서 나는 컬러텔레비전의 상업 광고를 시작한 것이다.

그 효과는 몇번이고 말하지만 더욱 커가기만 한다.

## 52

# 다국적 기업은 국가도 잡아흔든다

맥도날드도 그렇지만 초국가 기업(超國家企業)이라고도 말하는 다국적 기업(多國籍企業)은 하나의 국가보다도 거대하여 신속한 정보망을 전세계에 뻗쳐 경우에 따라서는 국가도 잡아흔들수 있는 힘을 가지고 있다.

어느 초국가 기업이 일본에서 무엇을 하고 있는가, 미국에서 무엇을 하고 있는가, 독일에서 무엇을 하고 있는가, 프랑스에서 무엇을 하고 있는가를 파악할 수 있는 것은 그 기업의 본사뿐이다.

프랑스 국가에서는 그 기업이 무엇을 하고 있는가를 알고 있더라도, 미국이나 독일에서 무엇을 하고 있는가를 알지 못하는 것이 현상(現狀)인 것이다.

그런데 미국에서나 프랑스에서나 다국적 기업에는 국경이 없으므로 모든 정보는 텔렉스로써 그대로 전해지며, 그 스피드는 재외공관이 어물어물 정보를 모으는 것보다 몇 배나 빠르다.

예컨대 초국가 기업이 '매입(買入)하라'고 지령을 하면 왈칵 '매입'이 집중되며, '매도(賣渡)하라'는 지령이 나왔을 경우에는 매도를 만나게 되는 것이다. 국가는 초국가 기업의 '매입하라', '매도하라'에 어쩔 줄을 모르고 뒤흔들리고 있는 것이 현실인 것이다.

재미있는 일은 그 초국가 기업은 어느 나라에 상륙하더라도 최초의 국가에서 발전한 것과 같은 패턴으로 발전해 가는 것이다.

종래에는 미국에서 발전한 기업은 일본에서는 안 된다든지, 일본의 기업은 미국에 진출해도 안 된다고 하던 것이다. 국정(國情)이 다른 곳에서 똑같이 발전할 수는 없다고 말하고 있었다.

그런데 초국가 기업에 관해서는 그와 같은 이제까지의 공식은 전혀 맞지 않는 것이다. 어느 나라에서나 똑같이 발전한다.

지금이야말로 초국가 기업은 국가를 도외시한 하나의 경제 단위(經濟單位)가 되어 가고 있다.

그런데 오늘날 초국가 기업이 왜 똑같은 패턴에 따라 어느 나라에서나 발전하는가 하는 이론은 아직도 경제학자들에 의해서 밝혀지지 않고 있다.

학자들의 연구의 스피드가 현실의 경제 발전의 스피드에 따라가지 못하고 있는 것이다.

# 물자 부족 시대는 당연히 예측되었을 것이다

요 몇년 전만 하더라도 물자가 남아돌고 있었는데 갑자기 물자가 부족해져 버렸다.

철(鐵)이 모자란다, 시멘트가 모자란다, 재목이 모자란다, 종이가 모자란다…….

그와 같은 현상을 '일부 상사들의 매점(買占)' 등으로 어리석은 설(說)을 외치는 사람도 있으나, 매점이란 전혀 거짓말이다. 그와 같은 사소한 이유로 물자 부족을 초래하고 있는 것은 아니다.

그런 것이 아니라 세상 돌아가는 스피드가 이제까지와는 완전히 달라져 빠르게 되어 가고 있는 것이다.

생활의 리듬이 매년 빨라지고 있다. 교통 기관의 발달이 인간 생활의 템포를 빠르게 한 것이다.

그러므로 3년 전에 예측한 것이 오늘에는 전혀 통용되지 않게 되었다. 3년 전에, 3년 후의 철의 필요량은 이 정도일 것이다, 시멘트는 이 정도면 충분하겠지 하고 예측하였던 계산이 총체적으로 무너지고 말았다고 해도 과언이 아니다.

그런데 물자 부족이 일어나는 원인을 포착하지 못하는 사람들이 매점이다, 상사(商社)의 책임이다 등등 무책임한 거짓말을 퍼뜨리고 있다.

그것은 천둥(雷)을 야만인들이 악마의 큰북이라고 놀라는 것과 마찬가지라고 하지 않으면 안 된다.

3년 전에 오늘의 물자 부족을 예측하지 못한 것은 일본의 경제학자, 혹은 경제 전문가라고 칭하는 사람들의 책임 문제라고 생각한다.

죽은 학문을 하고 있어서는 살아 있는 경제의 뒷전으로 밀려나 버리고 만다.

# 좋은 조건이면 자기 자신을 팔아라

장사이기 때문에 가끔 일본에 진출해 오는 유대인으로부터 유능한 일본인 사원의 소개를 의뢰받는 일이 많다.

그 경우의 필요불가결한 조건은 영어가 통하는가 하는 것이다. 영어가 통하는 유능한 인물이라고 하면 우선 일류 회사나 은행에 눈을 돌릴 수밖에 없다. 현재 일본에서는 일류 회사와 은행에 인재가 한쪽으로 치우쳐 있으므로, 그러한 곳을 찾으면 헛밥을 먹고 있는 아까운 인재들은 얼마든지 발견할 수가 있다.

물론 보수는 일본의 대기업들보다 3배는 높다. 다만 아무리 유능한 사람이라도 사장이나 부사장이 될 가망은 전혀 없다.

나는 이 사람 같으면 하고 인물을 찾아내어 그와 같은 여러 조건을 제시하고,

"절대 나쁜 조건은 아니라고 생각하는데 해 보지 않겠는가?"

하고 권했다. 그런데 이상하게도 절대 사장이나 부사장으로는 될 수 없다고 하자, 100명 중 100명 모두가 고개를 흔들면서 싫다는 것이다.

즉 일본인이라는 인종은 아무리 음지에서 보람없는 일을 하고

있더라도 언젠가는 사장이나 부사장으로 될는지도 모른다고 하는 얄팍한 기대를 가지고 있는 것 같다.

"지금에 와서 당신은 사장이나 부사장으로는 절대 될 수가 없다."

어떤 기적이 일어나더라도 당신에게 밥통이 돌아올 수는 없다. 그렇다면 깨끗이 자기를 3배 비싸게 팔아치우는 게 득(得)이 아니겠는가?

아무리 입이 아프도록 그렇게 말해도 완강하게 대답을 않는 것이었다.

옆에서 보고 있노라면 확실히 앞날이 훤하게 내다보이는데, 당사자의 안경에는 구름이 끼어 있어 말이 안 된다.

훌륭한 교육을 받은 인재가 보잘것없는 곳에 치우쳐 우물쭈물하고 있는 것을 보면 나는 새삼스럽게 국가의 손실이라고 느끼지 않을 수 없다.

비싸게 팔릴 것 같으면 기꺼이 자기 자신을 팔아치우는 마음가짐이 될 때, 우리도 더욱 풍요로운 나라가 될 것이라고 생각한다.

## 55
## 은행 예금으로는 돈이 늘지 않는다

돈벌이에 관심이 있는 사람은 언제나 신문의 은행 광고와 대부신탁(貸付信託) 광고를 본다.

"대부 신탁은 연 7푼 2리의(우리 나라 것으로 환산) 이자가 붙는다."

"2년 만기 정기예금 이식은 6푼 7리 2모, 10년이면 원금의 배가 된다."

등의 문구가 씌어져 있으면, 드디어 대부신탁이나 정기예금으로 돈을 증식해 볼까 하는 마음이 들지만, 대부신탁이나, 정기예금의 이식으로 돈벌이가 될 것이라고 생각하면 큰 잘못이다(더욱이 우리 나라에는 이자 소득에 대한 여러 가지 공제되는 세금이 16,75퍼센트나 된다).

은행에서는 자기들이 돈이 탐이 나기 때문에 10년 되면 배가 된다고 하면서 돈을 긁어모으고 있겠지만, 그것을 믿으면 돈은 벌어지지 않는다.

그런 것은 예금자가 저승에 가서 던져놔 두는 셈풀이지, 살아 있는 사람이면 더욱 돈을 굴려서 벌어야 한다.

최초의 1년 동안에 10만 엔을 모은다. 다음 1년 동안에 10만 엔을 더 모아서 20만 엔이 되면, 그것을 밑천(元金)으로 돈벌이하는 아이디어가 떠오르게 될 것이다.

그리고 3년째는 거기에 다시 10만 엔을 더하면 30만 엔으로 하는 것이 아니고, 한꺼번에 100만 엔으로 만든다. 이것이 돈벌이라는 것이다.

다시 10년 후에는 그 돈이 1천만 엔이나, 2천만 엔으로 되며, 20년 후에는 1억 엔으로도 된다.

거짓말이 아니다. 10만 엔이 10년 후에는 1천만 엔이 되고, 20년 후에는 1억 엔이 되는 것이다.

그런데 은행의 선전 광고를 믿고 재워 두면 10만 엔이 10년 후에 20만 엔밖에 되지 않는다. 그 차이는 무려 980만 엔의 손해가 되는 것이다.

그도 그럴 것이 사람은 1년이 지나면 만나는 범위가 넓어지며, 아는 사람도 많아진다. 교제 범위가 넓어지고, 그들로부터 돈벌이에 대한 어드바이스도 있고 하여 돈벌이에 대한 여러 가지 아이디어가 나오게 되는 것이다.

30만 엔이 100만 엔으로 되었을 때에는,

"어때요, 당신 이런 것 하지 않겠습니까?"

하는 등 돈벌이에 대한 이야기를 가져오게 된다. 그것이 200만 엔으로 되고 500만 엔으로 되어, 2천만 엔이 됨에 따라 커지는 범위도 당연히 넓어진다. 돈을 벌 수 있는 찬스도 그만큼 많아진다.

맨처음의 종자돈을 가속도적으로 늘려가는 방법은 걱정하지 않더라도 필연적으로 있기 마련이다.

# 56

# 우선 종자돈을 만들어라

무어라 해도 가장 중요한 것은 우선 종자돈을 만드는 일이다. 종자돈만은 먹을 것도 먹지 않고 만들지 않으면 안 된다. 종자돈이 100만 엔 모이면, 의외로 다른 지혜가 떠오르게 되는 것이다.

수력 발전을 일으키려면 우선 댐을 만들어 거기에 물을 저수하지 않으면 안 된다. 그와 마찬가지로 맨먼저 종자돈을 만들지 않으면 돈벌이는 할 수 없는 것이다.

돈이란 생각보다는 빨리 모이는 것이다. 모으기 시작하면 빠르다.

비가 촉촉히 내려도 그 빗물이 대지(大地)에 빨려들어가는 한 그것은 단순한 비이다. 대단한 것은 없다. 그런데 그 비가 일단 댐에 저수가 되면 거대한 에너지로 변신한다. 종자돈도 모으기까지는 믿을 수가 없다. 그러므로 드디어,

"천만 엔을 모은다는 것은 꿈과 같다. 10년 걸려 1천만 엔을 모을 정도면, 내일 산수갑산에 갈지언정 당장 술이나 마시고 사우나탕에라도 가서 노는 편이 낫다."

고 말하면서 귀중한 종자돈을 막 써버리며 일체 종자돈을 모으

려고 하지 않는 것이 소위 돈벌이에 서투른 사람들이 하고 있는 짓이다. 이래 가지고는 안 된다.

돈벌이를 하고 싶으면 먼저 종자돈을 모으는 일이다.

## 57

# 달걀을 보면 닭을 상상하라

아무것도 모르는 사람에게 달걀과 닭을 보이고는 달걀이 닭이 된다고 설명하면 절대 믿으려 하지 않을 것이다.

그 뿐만이 아니라,

"내가 아무것도 모른다고 생각하고, 바보로 취급하는 모양이군."

하고 도리어 당할는지도 모른다.

그러나 문명인은 달걀이 닭이 된다고 설명하더라도 결코 화내지 않는다. 달걀을 깨우면 병아리에서 닭이 된다는 것을 알고 있기 때문이다.

100만 엔이 1억 엔이 된다고 하는 것도 마찬가지이다.

양계업자가 달걀을 보면 닭을 상상하는 것처럼, 돈벌이에 능숙한 사람은 100만 엔을 보면 1억 엔을 상상한다. 즉 100만 엔은 달걀이며 1억 엔은 닭인 것이다.

달걀이 닭이 되는 것을 기다리지 못하고 생기는 대로 달걀을 먹어 치우면, 언제까지도 닭은 태어나지 않는다.

달걀과 닭은 이질(異質)의 것이다. 마찬가지로 100만 엔과 1억 엔은 같은 돈이기는 하지만 이질의 것이다. 달걀이 닭이 되는 것과 마찬가지로 100만 엔이 1억 엔으로 되는 것이다. 달걀이 닭이 되는 것은 사실이지만, 100만 엔이 1억 엔이 되는 것은 사실이 아니라고 생각한다면 돈벌이에 재능이 없는 것이다.

100만 엔이 1억 엔으로 되는 것을 모르기 때문에 그렇게 말하는 것이며, 100만 엔을 1억 엔으로 만드는 것을 알고 있는 사람은 100만 엔을 부화시켜서 1억 엔으로 만드는 것이다.

달걀을 보면 닭을 상상하라. 100만 엔을 보면 1억 엔을 생각하는 것이 소위 돈벌이의 기본 자세인 것이다.

# 58

## 돈은 노려본다고 늘어나지 않는다

나는 지금도 가끔 마누라로부터 놀림을 받곤 하는데 23, 4세 경에는 매일처럼 저금통장을 노려보고는,

"어떻든, 100만 엔 모으고 싶다, 모아 보겠다."

하고 입버릇처럼 말했다는 것이다.

"저금통장을 아무리 바라보고 있어도 돈이 불어날 리가 없겠지요."

하고 마누라가 말한다. 바로 그대로이나 100만 엔 모으고 싶다 모으고 싶다 하고 생각하면서 저금통장을 끄집어내어 바라보았다. 아침에 끄집어내어 바라보고 저녁에 자기 전에 바라보았다.

저금통장은 얼마 안 가서 손때가 묻어 새까맣게 되지만 그래도 어깨에 힘을 주며 노려 보았다. 매일의 잔고는 암기해 버렸다. 그래도 보았다.

그런데 100만 엔을 모으고 난 다음부터 나는 저금통장을 안보게 되었다. 그 대신 그 100만 엔을 움직일 방향을 보게 되었던 것이다.

사람도 종자돈을 모을 때까지는 열심히 돈만을 보고 있으나,

종자돈이 모이면, 이번에는 종자돈을 움직이는 데 주의력을 집중시키게 되는 것이라는 것을 나는 체험을 통하여 알았다.

사람이 돈을 안 보게 되고, 움직이는 방향에 주의를 기울이게 되면 괜찮을 것이다. 돈벌이는 저쪽에서 굴러들어온다.

이런 것들은 돈을 탐내는 사람들이 모르는 돈 버는 비밀이라고 할 것이다.

# 59

## 제트 상법으로 벌어라

옛날에는 수력 발전(水力發電)에 많은 물을 필요로 하였으나, 최근에는 아주 적은 수량(水量)으로도 큰 전기를 일으킬 수 있게 되었다. 그만큼 과학이 발전되어 온 것이다.

빌딩만 하더라도 옛날에는 큰 기둥을 사용하여도 기껏 5층 정도의 건물을 짓는 것이 고작이었다. 그런데 오늘날에는 그보다 가는 기둥으로 몇십 층이라고 하는 초고층 빌딩을 지을 수 있게 되었다.

그것도 과학이 발달하였기 때문이다. 그와 마찬가지로 옛날에는 1천만 엔이 없으면 안 되었던 일이, 지금에는 5백만 엔으로도 하는 방법에 따라서는 1백만 엔으로도 될 수 있게 되었다. 부족한 만큼은 대부 등을 활용하는 새로운 방법이 개발되어 있다.

더욱이 세상은 스피드가 있기 때문에 최소의 자금으로 몇백억 엔의 재산을 만드는 찬스가 당장 내일 당신에게 찾아오지 않는다고 할 수 없다.

마쓰시타 코노스케(松下幸之助) 씨는 거기까지 가는 데 몇십 년이 걸렸으나, 이 책을 읽은 사람은 2년이면 마쓰시타 코노스케를 추월할는지도 모른다.

세상의 스피드가 바뀌었다고 해서 놀랄 것은 없다. 정보의 흐름이 바뀌었다고 해서 탄식할 일도 없다. 돈벌이도 그 스피드와 그 흐름에 맞추어 버리면 순식간에 달성할 수 있는 것이다. 새로운 시대에는 새로운 시대의 제트 상법(商法)을 몸에 익히면 승리한다.

이것만은 꼭 알아두어야 한다 • 2
겁나는 『괴물』 다국적 기업과 유러 달러

■ 스케일이 큰 출가회사(出稼會社)

다국적 기업—등으로 점잖게 말하면 어렵지만, 결국 이런 말과 마찬가지다.

'스케일이 큰 출가회사'라고 생각하면 된다. 온세계에 걸쳐 벌고 있는 괴물회사라 하여 겁을 내고 있으나 그것은 제2차 세계대전 후에 급속하게 발전하였으며, 괴물다움을 발휘하기 시작했다. 자동차, 식품, 화학, 기계를 비롯하여 여러 가지 분야에 걸쳐 있다.

예를 들면 자동차에서는 GM(미국), 포드(미국), 크라이슬러(미국), 빅3, 폭스바겐(서독), 전기에서는 GE(미국), 필립스(네덜란드), 지멘스(서독), 전산기의 IBM(미국), 식품에서는 제너럴 푸드(미국), 넷슬(스위스), 유니리버(영국, 네덜란드), 석유에선 모빌 오일(미국), 로얄 텃치 헬(영국, 네덜란드) 같은 것들이 대표적인 괴물이다.

모두가 맘모스 기업이며 뛰어난 기술과 경영 방법을 충분히 발휘하여 몇 군데 나라에 자회사(子會社)를 두고 국제적 규모로 막 벌어들이고 있다.

■ 아, 당당한 IBM 선풍

자동차의 GM을 예로 들어 보자. GM은 전에는 중남미(中南美), 캐나다, 유럽 등 세계 각지에 자동차를 미국에서 수출하고 있었다. 그런데 관세(關稅)와 수송비가 들어서 할 수가 없었다.

그래서 오히려 현지에 공장을 지어서 생산하는 편이 손쉽겠다고 생각하여 서독과 캐나다 등에 조립 공장을 만들어 현지의 싼 노동력을 활용했다. 부품(部品)은 중남미가 임금이 싸기 때문에 거기에 공장을 세워서, 그곳에서 만든 부품을 각각 조립하여 공장으로 보냈다.

다음으로 판매 회사를 영국과 프랑스에 만들었다. 이것들을 세계 각국에 분산 배분하여 온세계에서 벌어들이고 있었다. 기술과 경영력은 초일류이며, 현지의 노동력은 싸고, 수송 코스트도 축소할 수 있어 끊임없이 돈을 축적해 갔다.

IBM의 경우 1971년 현재로 세계 170개국에 22개의 컴퓨터 제조 공장, 49개의 카드 제조 공장, 451개의 영업소를 가지고 있다. 그리고 세계의 전산기(電算機)의 과반수를 완전히 제어하고 있다. 온세계에 IBM 선풍이 일고 있다.

'몇십 군데 나라에 설치해 놓은 자회사를 이용, 국제적 규모로 활동하는 거대 기업'이라는 것이 다국적 기업의 정의라고 생각하면 되는 것이다.

■ 일본의 GNP도 못 따라간다

미국 상무성에 의하면, '1970년 현재로 미국계 다국적 기업의 생산액은 2천억 달러에 이르렀다'라고 거짓말을 하고 있었다. 자그만치 52조 엔이다. 이건 벌써 상당히 오래 전의 시점이므로 지금은 60조 엔을 훨씬 넘어서고 있을 것이다.

더욱 큰일은, 우리 나라의 국가 예산이 자그마치 18조 엔(1974년도 일반회계)으로 3분의 1에도 미치지 못한다. 자유 세계 제2위를 자랑하는 GNP(국민 총생산)와 맞먹는다고 하면, 도저히 따라갈 수가 없다.

'10년만 지나면 유럽, 일본을 제치고 미국과 소련 다음의 세계 제3위의 경제력을 구축할 것이다'라고 프랑스의 저널리스트가 예언하기까지 하였다.

그 겁나는 괴물군(怪物群)이 벌어들이는 액수가 너무나 크기 때문에 닉슨이나 캐네디 대통령이 두드러지게 각국으로부터 비난을 받은 적이 있다.

'미국은 입만 열면 국제 수지가 적자(赤字)라고 하여, 각국에 수입과 자본의 자율화를 강요하는데, 그것은 한쪽 손은 감춰두고 하는 말이다. 다국적 기업으로 맹렬히 벌어놓고, 본가(本家)가 적자라고 하니 곤란한 문제다'라고 할 수 있다.

바로 그대로이다.

각국의 산업을 압박하고 선풍을 일으키면서 다국적 기업(多國籍企業)은 나아간다.

■ 아침 커피가 모든 것을 결정한다

런던의 금융가 한 모퉁이에 로스차일드 상회라는 세계 제1의 금업자(金業者=財閥)의 빌딩이 있다.

매일 아침, 몇 명의 남자들이 그 빌딩의 방에 모인다. 한마디 두마디 이야기가 오가게 되자 누군가가 커피잔을 스푼으로 두들긴다. '칭', 이야기가 끝났다는 신호이다.

그 순간 그날의 세계의 금(金)의 시세가 결정된다.

남자들은 묵묵히 그 방을 나간다. 그리고 각각의 사무실에 되돌아갔을 때쯤에는 이미 전신, 전화로써 금시세(金時勢)가 전세계에 흘러가고 있는 것이다.

런던, 뉴욕, 파리, 츄리히, 프랑크 프르트, 동경――지금의 거대한 세계 어음 시장인 것이다. 특히 금에 대해서는 런던, 파리, 츄리히가 3대 시장인 것이다. 커피잔의 소리와 더불어 이들 시장에선 눈을 뜬다.

## ■ 세계 경제를 움직이는 '유러 달러'

그와 같은 어음 시장을 쥐어흔드는 복병들이 있다.

다국적 기업이 큰 벌이꾼이라면, 그 복병은 말하자면 성급한 벌이꾼인 것이다.

그 이름을 유러 달러라고 말한다.

용어사전을 찾아보면, 금리 차를 노리며 부동(浮動)하는 유럽 단기자금(短期資金)이라고 씌어 있다. 이것으로는 도무지 알 수가 없다.

유럽 달러(유러 달러)는 결국 숨은 투기를 위한 돈인 것이다. 그 돈이 쥐새끼와 같이 뛰어다니며 잡히지 않는 데에 각국에서 고민하고 있는 것이다.

유러 달러는 절대 꼬리를 드러내지 않고, 또한 그 진상을 해명할 사람도 없는 것이다. 커피잔의 소리와 더불어 왕창 런던 시장에서 금매입에 나섰다고 하면, 어떤 때는 폰드(영국), 마르크(서독)를 마구 매입해버려 시세가 올랐다고 생각되면 왕창 매도한다. 톡톡히 번다.

성급해서 가만히 있을 수 없다. 서쪽에 금(金)을 살 수 있다고 보면 밀어닥치며, 동쪽에 달러가 살아 있다고 생각되면 되돌아온다. 정체(正體)가 불명하므로 정부 당국에서도 애를 태운다. 항상 국제 통화 불안이 일어나는 것은 사실은 그 '성급한 집시 자식' 때문이다.

## ■ 석유처럼 솟아나오는 돈

유럽 달러의 정체는 그 태반이 중근동의 석유 왕국(石油王國)의 돈이 아닌가 생각된다. 작금의 석유 전쟁을 보더라도 알 수 있듯이 중근동의 산유국은 강하다.

석유 이권(石油利權)에 의한 거액의 돈을 안고 있다.

욕심 많게 돈을 벌어서, 다시 그 돈을 유러 달러로 키워서 껍질을 싸간다. 무엇보다도 사우디아라비아의 국왕은 혼자서 326명의 아이를 낳게 하였을 정도로 굉장한 것이 있을 정도다. 하렘의 여자에게 조공하는 돈도 유러가 없으면 유지되지 않는다.

앞서 말한 다국적 기업의 돈도 유러 달러의 유명한 멤버가 아니겠는가 하고 말하고 있다. 이것 역시 거대한 장사를 하고 있으므로 대체로 그렇게 생각이 될 것이다.

오너시스라든지, 거대한 세계의 재벌들 그들도 그 사람들 속에 들어 있을 것이다. 있는 곳에는 있는 것이다.

외화가 백몇십억 달러가 비축되었다고 해서 외화를 줄이려고 큰 법석을 떨고 있는데 일본은 아직도 돈부자로서는 일류가 아니다.

유러 달러는 일설에는 수백억 달러라고도 하고 수천억 달러라고도 하고 있으니 확실히 말할 수는 없는 것이다.

■ 거액의 부(富)를 감추고 있는 스위스 은행

그와 같은 세계 각국에서 벌어들인 자금의 도피 장소가 스위스인 것이다.

스위스는 정치가 안정되어 있고, 유럽 제1의 어음 시장이 있다. 외국으로부터 각양각색의 자본이 그곳으로 도피해 와 있다.

그 증거가 스위스 은행이다. 자유롭게 받아들이지만 예금자의 성명과 금액, 기타 일체를 절대 외부에 새어나가지 않게 비밀이 단단히 지켜지는 은행인 것이다. 온세계의 관헌들도 그곳에 돈을 피난시켜 버리면 조사할 수 있는 방법이 없어지는 것이다.

유러 달러나 다국적 기업이나, 세계의 재벌들의 재산이나, 모두가 그 스위스 은행에 신세를 지고 있음은 두말할 필요가 없을 것이다.

제 4 장
인플레에 이기는 머리의 회전

# 60

# 빠른 인플레와 느린 인플레

물가고(物價高)다 인플레이션이다 하고 저널리즘은 부산하게 떠드는데 인플레이션에 겁을 먹거나 공포를 느끼면 장사는 안 되는 것이다. 실체를 정확히 파악하여 대책을 세워버리면 인플레이션을 역으로 이용하여 돈을 벌 수도 있는 것이다.

자본주의는 원래 슬로우 인플레이션이라 할 수 있다. 물가가 서서히 올라가며 절대 떨어지는 일은 없다.

다만 각국마다 자본주의의 발달 상태가 다르므로 세계적인 인플레이션이 진행중일 때도 나라에 따라 인플레이션의 진행 스피드가 다르다.

즉 인플레에는 빠른 인플레와 느린 인플레가 있다. 문명국일수록 인플레이션의 스피드는 느리며 저개발국일수록 진행 속도가 빠르다.

더욱이 일본은 인플레이션의 스피드가 빠른 나라에서 원료를 수입하고 있다. 그러므로 일본도 그 영향을 입어 스피드가 빠르다. 특히 원료를 수입하고 있는 경우에는 외국의 인플레이션을 막아낸다는 것은 우선 무리이다.

외국의 인플레이션의 스피드가 마치 복사된 것처럼 그대로 일본에 들어온다. 이와 같이 일본은 인플레이션을 스스로 컨트롤할 수 없다는 약점을 가지고 있다.

특히 일본의 인플레이션의 스피드는 빠르다. 그것은 일본의 인플레이션이 증폭(增幅)된 것이기 때문이다. 일본에는 문명국 공통의 인플레이션이 있다. 거기에 수입선의 나라의 인플레이션이 첨가되어 그렇지 않아도 빠른 인플레이션이 증폭되어 점점 빨라지는 것이다.

80엔에 팔기 시작한 햄버거가 120엔이 된 것도 일본의 빠른 인플레이션 때문이며 정치가가 무능하기 때문이다.

그러한 면에 대해서는 미국은 다르다. 원료가 국산이며 지하자원도 자급자족이 가능하다. 노동 자원도 있다. 그리고 인플레이션을 국내적으로 해결할 수 있는 힘이 있다.

한마디로 인플레이션이라고 하더라도 일본과 미국의 인플레이션에는 그만한 차이가 있다.

그것을 알고 나면 인플레를 역수(逆手)로 이용하여 버는 것도 어려운 일은 아니다. 일본 국내에서 인플레이션이 진행되면 진행될수록 슬로우 인플레의 나라의 것들을 가지고 오면 반드시 팔리며 틀림없이 벌 수 있다.

# 벌이가 되는 것은 수입뿐

일본에는 개국 이래 수출로써 큰 무역 회사는 없다. 일본에서는 무역상사란 '수출상사'를 말하며 수입(輸入)상사는 무역상사라고 부르지 않는다.

즉 수출이란 말에는 땀 흘리며 고생하고 있다는 이미지가 강하지만 수입이란 괴상한 짓으로 돈을 벌 수 있다고는 생각하지 않기 때문인 것이다.

그러나 원래 수출은 벌이가 안 된다. 미쓰이(三井)나 미쓰비시(三菱)나, 크게 발전한 상사(商社)는 모두가 수입상사이다.

이제까지도 수입상사가 돈을 벌었으나, 이제부터도 돈을 벌 수 있는 것은 수입인 것이다.

케네디가 '케네디 라운드'를 만들어 5년 이내에 관세를 제로로 되게끔 작용하여 옛날에 비하면 관세는 매우 내려갔다. 향후 2년이면 관세는 제로가 된다. 더욱이 엔고(円高)로 사업이 몇 할쯤 싸지기 때문에 내가 생각하기에는 수입하지 않는 자는 바보라고 생각할 정도이다.

수입은 수입유저 시스템이기 때문에 대금의 결재는 요코하마

(일본주 수입 항구의 이름)에 물건이 도착되고부터 120일 후면 된다.

그 동안에 엔고(円高)가 있으면 그만큼 순순이 벌게 되는 것이다.

수출에는 '국가를 위하여'라는 느낌이 강하다. 국가를 위하여 수출을 해야지. 국가를 위해서는 한 덩이의 돌이라도 수출해야 지…… 그러한 느낌이다.

그러나 아무리 힘을 기울여도 벌이가 안 되는 것은 벌이가 안 된다. 그렇지만 오해가 없도록 부탁드리는 것은 벌이가 안 되더 라도 하지 않으면 안 되는 때가 있다는 것이다.

## 62

# 외국의 문화를 수입하면 벌이가 된다

수입하면 벌이가 된다고 외국 상품만을 가지고 오는 것을 생각하면 그때그때만의 장사로 끝나고 만다. 수입하고 팔고 그것으로 끝나는 것이다. 그것으로는 안 된다.

긴 안목으로 보았을 경우에는 상품을 수입하는 것보다 외국의 '문화'를 수입하는 것을 생각하는 편이 벌이가 된다. 상품을 수입하여 팔면 돈을 버는 것은 그 한번에 끝나버린다.

그런데 문화를 수입하면 그 문화가 일본에 뿌리를 내렸을 때에 벌이는 무한적으로 퍼져가게 된다.

예를 들면 매번 햄버거를 들어 송구스러우나 맥도날드 햄버거는 미국의 문화이다. 빵과 고기라고 하는 이제까지 일본에는 없었던 문화를 나는 수입하였다.

그리고 그것은 1회만의 장사가 아니고 햄버거를 상식(常食)하는 젊은이들의 증가로 벌이는 무한적으로 퍼져가기만 한다.

빵과 고기로 된 햄버거라는 문화의 씨를 외국으로부터 가지고 와서 심음으로써 나는 수입상(輸入商)으로서 성공하였다고 생각하고 있다.

# 63

## 자기 나라에 가지고 오면 이곳의 것이 된다

맥도날드 햄버거에 대한 시기의 바람은 결코 약한 것은 아니다.

'맥도날드는 외자(外資)이다.'

라는 것은 맥도날드를 눈의 가시로 여기는 사람들의 말인 것이다.

그것도 그런 것이 '일본 맥도날드'도 50퍼센트의 미국 자본이 들어 있다.

그러나 나는 이렇게 말할 수 있다. 외자(外資)든 뭐든 우리 나라에 가지고 오면 이쪽의 것이 된다.

그 은혜를 입은 것은 우리 나라 사람이기 때문이다.

우리 나라는 옛적부터 외국인이라고 하면 경계심을 드러내고 색안경으로 보는 나쁜 버릇이 있다. 좁은 소견이라고 할까, 섬나라 근성이라고 할까, 아무리 생각해도 그 버릇만은 칭찬할 것은 못 된다.

외자라고 해서 모든 일본 엔(円)을 가지고 가는 것은 아니기 때문에 사양하지 말고 당당하게 우리 나라에 끌어들여 그것으로 크게 벌자는 것이 나의 생각인 것이다.

남의 샅바로 이기더라도 부끄러울 것은 없다. 승리는 승리인 것이다.

# 천연 자원을 겨냥하라

한마디로 '문화를 수입하라'고 하더라도 그것은 수입의 베테랑이 아니면 요리할 수 없는 어려운 주문일 것이다. 그 외에 물건으로서 수입해서 벌이가 되는 것은 천연 자원을 원료로 하는 것이다. 예를 들면 캥거루, 햄, 악어, 도마뱀 등의 가죽 같은 것이 그러하다. 명란젓, 말린 청어알과 같은 해산물도 그 한가지이다. 특히 가죽 제품은 일본에서는 비싸다.

그 이유는 미국에 비하여 일본에서는 가죽의 산출량이 극히 적기 때문이다. 소의 마리 수가 미국의 몇십분의 일인데 수요는 미국과 대차가 없기 때문이다. 즉 가죽 제품은 미국에서는 슬로우 인플레 상품이며, 일본에서는 급속 인플레의 대표적인 상품인 것이다.

그 좋은 예가 가죽 구두이다. 5, 6년 전만 해도 신사용 국산 가죽 구두는 3, 4천 엔이었다. 그것이 지금에 와서는 8천 엔에서 1만 엔까지 한다. 외국에서는 5년 전이나 현재나 4천 엔 정도로 거의 값이 오르지 않고 있다. 일본에서는 일본의 인플레이션에 맞춘 값으로 팔리고 있는 것이다.

행동력이 있는 젊은 여러분들은 5년 정도 외국에 가서 친숙하게 사귄 다음 귀국해서 천연 자원을 원료로 한 것을 수입하면 수입상사로서 훌륭하게 성공하여 부자가 될 수 있지 않을까 생각한다.

일본에서는 천연 자원에 손을 뻗쳐도 곧바로 고갈해 버린다고 손을 뻗칠 생각을 하지 않는다. 또한 공해 문제도 그 이유 중의 하나라고 할 수 있다.

그러나 세계적인 시야로 본다면 고갈의 문제나 공해에 의한 오염 문제는 미미한 것이다.

'천연 자원'이란 나의 힌트에서 무엇을 택할 것인가는 당신의 머리 나름인 것이다.

# 매출 3할 증가로 인플레를 극복하라

맥도날드에는 인플레를 극복하기 위한 노하우가 있다.

'매출을 전년도보다 3할 신장시켜라'라는 것이 그의 한가지이다. 매출을 3할 신장시키면 그 3할에 해당하는 분량에 대하여는 임대료와 인건비가 들어가지 않기 때문에 물가 상승지수가 15퍼센트 정도의 인플레이션 같으면 쉽게 커버된다.

인플레이션하에서 경이적인 신장을 기록한 맥도날드 햄버거가 대표로 꼽히는 패스트푸드는 인플레에 도전하는 기업이라고 말하고 있다.

장사하는 사람들은 인플레를 방전(防戰)하는 것이 아니라, 도전(挑戰)하지 않으면 안 된다.

# 다이아몬드는 영원 불변이다

인플레이션의 도전은 기업에 맡긴다 하더라도 개인인 경우는 당연히 인플레로부터 재산을 지키려고 생각한다. 그리고 그러기 위해서는 토지를 사거나 주식을 사거나 혹은 보석을 사거나 하여, 재산의 안전을 도모한다.

그 중에서도 내가 권하고자 하는 것은 보석, 그것도 다이아몬드를 사두는 것이다.

토지를 사면 토지보유세, 고정재산세, 토지 양도소득세 등의 세금에 몰리게 된다. 어떻게 하더라도 등기를 하지 않으면 안 되기 때문에 매입한 땅을 잠깐 호주머니에 넣어 미국에 가서 팔고 올 수도 없는 것이다.

팔았을 경우에도 우선 세무서에서 빠져나갈 수는 없다.

주식도 나쁘지는 않지만 왕왕이 하룻밤 자고 나면 종이조각이 되어 버릴 위험성이 있다.

순금 막대는 다급할 때에 무거워서 대량으로 운반할 수가 없다.

그런 점을 미루어 볼 때, 다이아몬드는 운반이 간편하고, 국제적으로 통용되기 때문에 세계 어느 곳이라도 가지고 가서 팔 수가 있다. 견고하므로 상처가 나지 않는다. 작기 때문에 어디에 집어 넣더라도 간수가 편리하다.

세법에서는 5만 엔 이상의 동산(動産)은 신고하도록 되어 있으나, 시저의 그 옛날부터 어찌된 셈인지 다이아몬드 상속을 세무서에 신고했다는 이야기는 듣지 못했다.

중세(中世)까지는 재산 은닉 방법으로 순금 막대를 지하실에 감추었으나, 20세기 최후의 재산 은닉법은 다이아몬드밖에 없다. 그렇다고 해서 내가 다이아몬드를 열심히 사서 세무서의 눈을 속이라고 역설하는 것은 아니다.

재산을 가지고 있는 것을 사람들에게 알리는 것이 수치스러운 사람은 그러한 방법도 있다는 것을 이야기해 주는 것뿐이다.

내가 '보석이라면 다이아몬드'라고 하는 것은 그 나름의 이유가 있다.

진주는 미국에서 절대적으로 인기가 있으나, 일본에서의 인기는 내리막이다. 비취는 동양인, 즉 중국인과 한국인, 일본인에게는 귀중하게 여겨지나 미국인은 돌아보지도 않는다.

그러므로 보석이라고 하더라도 세계에 통용되는 통화라고는 할 수 없다.

에메랄드는 유럽이나 일본에서도 동등한 인기가 있으나, 최대의 결점은 쪼개지기 쉽다는 것이다.

미국의 여성들은 파티에 갈 때만 반지를 끼고 가지만, 우리 나라 여성들은 부엌에서 취사 준비를 할 때에도 반지를 끼고 있다. 그러므로 경도가 높지 않은 에메랄드 정도면 언제 쪼개질는지 모른다.

이와 같이 보석에는 일장일단이 있으나 그 중에서 결점이 없는 보석이 다이아몬드이다.

엔과 달러의 관계가 어떻게 바뀌든 다이아몬드는 영원히 국제 통화로서 버젓이 통하는 강점을 가지고 있다.

# 67

## 다이아몬드는 '데 비어스'에 한한다

다이아몬드 중에서도 확실히 연간 20퍼센트씩 값이 오르는 것은 '데 비어스'의 다이아몬드이다.

다이아몬드의 원산지는 남아프리카라고 생각하는 사람이 많으나 다이아몬드의 원석(原石)은 남아프리카에만 한정된 것이 아니고, 북아프리카와 러시아, 세계의 어느 곳에서든지 나온다.

그것은 어디까지나 원석에 대한 이야기이며 반지가 되거나 목걸이가 되는 것은 남아프리카산이 아니면 안 된다.

'데 비어스'는 다이아몬드의 신디케이트로서 항시 다이아몬드의 가격을 컨트롤하고 있다. 그리고 세계에 2백 수십 명의 커터와 포릿셔(연마기사)를 선금을 주고 확보하고 있다. '데 비어스 다이아몬드'가 연간 20퍼센트씩 값이 인상되는 것도 그 때문이다.

'데 비어스 신디케이트'를 통하지 않은 다이아몬드는 '데 비어스'제의 값의 5분의 1이나, 잘해서 3분의 1정도로밖에 팔리지 않는다.

최근에는 다이아몬드 붐으로 다이아몬드가 있으면 너도나도 막 덤벼드는데 그것은 그리 좋은 구입 방법은 되지 못한다.

어차피 다이아몬드를 산다면 상품(上品)인 것에 한하여 사야 한다. 그리고 먼저 그 다이아몬드가 '데 비어스'의 것인지를 확인해 보아야 한다.

그런 다음에 다이아몬드의 상표를 지정해야 한다. 얼핏 보기에는 번쩍번쩍 빛나면서 다이아몬드의 크기만 다르고 디자인이 같은 것처럼 보이나, 드레스가 크리스찬 디올과 피에르 가르뎅이 전혀 다르듯이 다이아몬드도 커터와 포릿셔가 다르면 디자인도 다르기 마련이다.

그리고 다이아몬드의 유명한 디자이너는 전원 신디케이트가 맴버로 하고 있기 때문에 '누구누구가 커팅한 돌을 주세요.' 하고 지정하며 매입하는 것이 바른 매입 방법인 것이다.

다이아몬드에는 80면체라든지 90면체라든지 여러 가지가 있다. 커터와 포릿셔가 다르면 원석을 깎는 법부터 닦는 법까지 크게 달라진다.

'누구누구가 커팅한 돌'을 하고, 상표를 지정해서 산 돌은 다이아몬드 중에서도 내력이 정확한 돌이라고 할 수 있으므로, 다음에 그 돌을 팔려고 할 때에는 내력이 정확한 돌에 부합하는 정확한 값이 붙어서 파는 쪽에서 절대 손해 보는 일은 없다.

다만 말할 필요도 없으나 권위자인 커터나 포릿셔의 이름은 자기가 좋아하는 것도 있겠지만 세계적으로 통용되는 유명인을 골라내는 것이 중요하다.

### ■ 오전 10시 태양빛 아래서 사라

다이아몬드를 매입할 경우에는 대체적으로 점포의 깊숙한 방 등에서 비밀스런 무드 속에서 꼼꼼이 물어보지도 못하고 사는 수가 많다.

그런 다이아몬드는 전기 불빛 아래서보다 태양빛 아래서 보는 것이 좋다. 최근에 유행되는 디자인은 옆으로 크게 커트한 것이 대부분이며, 2차 대전 전처럼 세로 깊은 것은 아니지만, 그래도 태양 아래서 확인해 보아야 한다.

그 태양빛도 오전 10시의 태양빛에 한한다. 오전 10시의 태양 아래서 다이아몬드를 보는 것이 상처가 없는 완벽한 다이아몬드를 매입하는 비결이라 할 수 있다.

또한 만전을 기하려면,

"루즈를 보여 주세요."

라고 해야 한다. 루즈 즉 다이아몬드의 나석(裸石)을 말한다. 다이아몬드의 반지 같은 것으로는 돌을 지탱하고 있는 걸고리 등으로 상처가 감추어져 있는 경우가 적지 않다. 나석(장식하기 전의 돌)을 조사해봄으로써 납득이 갈 것이다.

보석상(寶石商)이 다이아몬드의 상처를 조사하는 경우에는 20배의 확대경을 사용한다. 국제 수준에서는 10배를 사용하고 있으므로, 손님에게 보일 때는 10배의 루페로써 보여 준다.

그걸 알면서 20배의 루페로써 보고 싶다고 하면 보석상은 긴장하며, 필히 정당한 값을 부를 것이다.

주의하지 않으면 안 되는 것은 그 외에 색다이아몬드가 있다. 색다이아몬드도 다이아몬드임에는 틀림없지만, 무색 투명한 것을 최고급으로 치면 훨씬 하급이다. 우리 동료들은 색다이아몬드를 말할 때 레몬 다이아라고 부르고 있으나 데 비어스가 출하하는 다이아몬드 중에서 레몬 다이아가 잘 팔리는 데는 동남아시아뿐인 것이다.

그 레몬 다이아는 뉴욕이나 파리에서는 무색 투명한 다이아몬드의 반값에 지나지 않는다.

"홍콩에서 다이아몬드를 사면 굉장히 싸다는데요."

하며 좋아하고 있는 사람들의 다이아는 모두가 레몬 다이아일 가능성이 있다. 싼 것이 당연하다.

다이아몬드가 색깔이 있는가 어떤가를 간단히 판별하려면 가지고 있는 명함을 활용하면 된다. 명함을 세로 2개로 접어 다이아를 얹어 보면, 색깔이 있는지 어떤지 일목요연하게 알 수 있다.

다이아몬드를 사는 요결은 좋은 것을 정당한 값을 주고 사는 것이다. 싼 것이라도 다이아는 확실히 다이아이지만 값이 오르는 것은 독장수 셈처럼은 기대할 수 없다.

# 괴상한 것이 팔린다

다이아몬드가 왜 팔리는가 하면 다이아몬드가 갖는 요염한 빛이 여자의 마음을 미묘하게 사로잡기 때문이며 다른 이유는 없다.

다이아몬드뿐만 아니라 괴상한 것은 상품이 된다.

졸저 <유대인의 상법>은 누구도 예상하지 못했던 베스트셀러가 되어 롱 셀러가 되었으나, 그건 두말할 것도 없이 <유대인의 상법>이란 책이 경제서나 학술서에 비교하여 괴상한 책이었기 때문이다.

내 자신에 관해서 말한다면, 어느 잡지는 그 기사 속에서 나를 지칭하여 '국적 불명의 얼굴'이라 평했으나 나는 국적 불명의 괴상한 얼굴이었으므로, 세계의 유대인과 호각지세로 교류가 이루어져 왔다고 생각하고 있다.

'괴상한 것'—그것을 팔아제치는 것이다.

# 69

## 큰 돌도 일종의 보석인 것이다

나의 친구 중에 동경 교외에 별장을 가지고 있는 사람이 있다. 그는 뜰 안에 큰 돌을 놔두고 있다. 그러나 아무런 목적없이 돌을 가지고 와서 세워놓고 있는 것은 아니다.

자연 보호가 심해지면 개울이나 산에서 마음대로 큰 암석을 취석하는 일이 제한되는 시대가 올 것이라며 그것을 겨냥하고 있는 것이다.

그때 팔면 그가 그냥 취석해 온 이들 큰 돌은 다이아몬드와 마찬가지로 좋은 값으로 팔릴 것이라고 말하고 있었다.

토지와 건물을 팔면 세무서에서 눈을 부릅뜨고 조사하러 오지만 큰 돌은 5배로 팔건 10배로 팔건 세무서에서 눈총을 받을 필요가 없다고 계산하고 있다.

더욱이 팔릴 때까지 뜰 안에 놔두더라도 전혀 손볼 일이 없다. 나무를 심으면, 손질 등 많은 돈이 든다.

그런데 큰 돌은 가령 비싸게 팔린다고 해도 무거워서 훔쳐갈 사람이 없으므로 보관에 고심할 필요도 없다고 친구는 말했으나, 이와 같은 발상도 전혀 허망한 일은 아니라고 생각한다.

이것만은 꼭 알아두어야 한다 • 3
'관세와 국제 라운드'의 관계

■ 세관을 통과하는 데도 돈이 든다

아주 옛날에도 도로의 통행료와 화물의 수수료를 틀림없이 바쳤다. 다리를 건널 때도 배에 탈 때도 수수료나 사용료를 빠짐없이 거두어 들였던 것이다.

그러한 수수료에도 우대를 받는 계층이 있었다. 말할 것도 없이 사농공상(士農工商)의 순번이었다. 어느 나라이건 그러했던 것 같다. 습관적으로 의무가 지워져버린 것이다.

커스텀 듀티스(Customs duties)라고 불리우며, 오랫동안 습관화되어 왔었다.

세관을 통과하기 위한 세금 — 즉 관세라고 하면 세련미가 있다.

세관의 수수료는 점차 국가간의 교류 확대로 국가와 국가와의 수수료=세금이라는 것으로 발전되어 갔다.

■ '외국의 것'은 왜 비싼가

구차한 설명은 까다롭기만 하므로 생략하기로 하자.

요컨대 관세는 수입품에 물리는 세금이다. 수출품에 일부러 세금을 붙여 비싸게 할 바보는 없을 것이다.

크게 나누면 보호관세(保護關稅)와 재정관세(財政關稅)가 있다. 세관에서의 관세는 국내의 산업을 보호하고 있는 역할이 크다.

이런 이야기가 있다. 자주 예를 드는 일반적인 예이지만 다시 음미해 보기로 하자.

지금으로부터 10년 전의 일이다.

사탕과 바나나에 언제까지나 비싼 관세를 물려도 괜찮을까 하는 이야기가 정부의 부내(部內)에서 일기 시작했다.

무엇보다도 그 2가지의 값이 유럽이나 미국에 비하여 상당히 비쌌다. 그것은 비싼 관세를 물고 있는 데다 수입을 제한하고 있었기 때문이었다.

대체적으로 수입을 제한하면 그 물건의 값이 비싸진다. 공급이 억제되기 때문이다. 비싸지는데 바나나의 경우, 또다시 70퍼센트라는 비싼 관세가 얹혀져 있었다.

그 당시 우리들은 굉장히 비싼 바나나를 사 먹고 있었던 것이다.

바나나값을 싸게 해 놓으면 국내의 다른 과일에 영향이 있으므로 정책적으로 보호되고 있었다고 할 것이다. 이건 10년 전의 이야기다.

■ 관세는 국산품의 수호신

예컨대 수입을 제한하고 있는 물건이 지금 국내에서 250엔에 팔리고 있다고 하자. 그것을 해외에서 수입하면 100엔에도 팔수 있다. 소비자들은 100엔 짜리에 달려들 것은 뻔한 노릇이다. 이래 가지고는 국산품은 잠시도 견딜 수가 없게 된다. 또다시 수입업자가 100엔에 수입하여 250엔에 팔면 실제로는 150엔의 벌이가 되는 것이다.

가령 수입을 자유화하면 당연히 국산품은 싼 수입품의 100엔에 가깝도록 하지 않으면 팔 수 없게 된다. 그래서 값을 내린다. 값을 내리면 만세를 부르고 만다.

그러한 케이스에서는 관세는 구세주가 되는 것이다. 즉 100엔짜리 수입품에 150퍼센트의 관세를 물리는 것이다. 150엔을 합쳐 250엔이므로 국산품도 안심이 된다.

이와 같은 한 예를 든 바와 마찬가지로 많은 관세는 보호적 색채가 강하다. 재정관세라고 하는 것은 예컨대 물품세와 마찬가지로 국가 예산의 재원을 늘리기 위하여 관세를 물리는 것이다.

## ■ 관세 결정의 장치

그런데 사람도 여러 가지 얼굴과 형태가 다르듯 관세에도 수많은 얼굴이 있다. 그 중에서 중요한 것을 소개하면——

우선 종가세(從價稅)와 종량세(從量稅)가 있다.

종가세라는 것은 물건의 값을 기준으로 하며, 예를 들면 승용차는 20퍼센트를 부가한다고 하는 것이다. 100만 엔짜리 클라이슬러에 20퍼센트의 관세를 물게 되면 120만 엔이 된다.

종량세는 수입품의 갯수와 용적, 중량 등을 기준으로 관세를 물게 하는 것이다. 설탕, 석유, 레코드 같은 류가 그러하다.

그 종가, 종량 양 세금 중 어느 쪽이든 높은 쪽을 물게 하는 것을 선택관세라고 하며, 양쪽을 동시에 물게 하는 것을 복합관세(複合關稅)라고 한다.

이러한 분류 방법도 있다.

국가의 법률로 결정한 세율로 부가하는 것을 '국정관세(國定關稅)'라고 한다. 이 모든 것이 관세 정률법(關稅定率法)에 의해서 세분하여 결정된 기본적인 것이다. 국가의 형편에 의하여 잠정적으로, 임기응변으로 변신하는 경우는 잠정관세인 것이다.

이 국정관세에 대하여 '협정관세'라는 것이 있다.

무역을 자유롭게 확대시키기 위하여 각국과 상의하여 가급적 낮은 관세를 물리도록, 조약 등으로 관세양허(關稅讓許)를 서로 결정한다. 이것이 협정관세(協定關稅)라고 하는 것이다.

그 사령격이 가트(관세무역 일반협정)라는 조직이다.

일본이 미국에 대하여 협정관세로 낮게 했을 경우, 필히 가트의 규약에 의하여 다른 나라에도 낮게 하지 않으면 안 되는 것이다.

모두가 서로 사이좋게 감세(減稅)하자는 것이다.


■ 새 국제 라운드가 겨냥하는 것

한참 전에 신문에 자주 케네디 라운드라는 활자가 눈에 띄곤 하였다. 케네디 대통령이 달라스에서 암살(1963년 11월 22일)되고 난 후에도 환영처럼 오래도록 계속되었다.

실은 그것이 세계적인 관세 일괄 인하 교섭인 것이었다. 실제로는 1964년에서 1967년까지 행하여졌으나, 제창한 케네디 대통령은 암살되어 이미 죽고 없는데 문자 그대로 환상의 관세 교섭으로서 결실되어 갔다.

이번엔 케네디 라운드에 이어질 새로운 '국제 라운드'가 시작되었다. 1973년부터 1975년까지이다. 기이하게도 그 첫출발이 1973년 9월에 동경에서 개최된 가트 총회의 선언인 것이다.

닉슨 라운드라고 이름이 붙여지지 않은 것은 굉장한 인플레의 내환에 흔들려, 세계적 지위의 저하를 생각케 하는 오늘의 미국의 자세를 상징하고 있는 것 같다.

새 국제 라운드는 무역 확대를 위해 관세를 한 단계 낮추고, 기타의 비관세 장벽, 예를 들면 수입 제한이라든지 높은 물품세, 기타의 장벽을 없애보자는 것을 겨냥한 것이다.

요컨대 케네디 라운드를 한층 더 촉진할 것을 계획한 셈이다.

### ■ 미국이 구사하는 전가(傳家)의 보도(寶刀)

1985년 현재로 보면, 수입 제한 품목은 프랑스 77, 서독 38, 일본 33, 영국 25, 미국 5로 되어 있다.

미국의 경우 매우 수입 제한 품목은 적지만 아차하면 구사하는 전가의 보도(비관세 장벽)는 많이 가지고 있다.

일본의 경우, 그와 같은 수입 제한 품목은 대부분이 농업 품목이다.

수입을 자유화하고, 거기에다 관세마저 낮게 한다면 잠시도 견디지 못한다는 보호색은 여러 가지로 강하며, 쉽게 각국과의 의견이 맞지 않을 것 같다.

제 5 장

돈을 낳는 타깃을 겨냥하라

# 70
## 목표를 정하고 벌어라

"무슨 돈벌이 이야기 없어요."
하고 눈에 핏줄을 세우고 있는 사람을 자주 볼 수 있으나, 그런 사람일수록 도망가는 여자를 쫓아가서 따귀나 얻어맞는 못난 남자와 같이, 돈으로부터 미움을 사는 것 같다.

놀기 좋아하는 남자, 혹은 잘 놀아나는 남자를 플레이 보이라고 하는데 플레이 보이일수록 돈만 아는 사람보다는 돈을 잘 모은다.

레저를 능숙하게 즐기는 유대인이 근면한 일본 사람보다 돈을 잘 모으는 것도 사실이다.

캘리포니아의 뉴포트 비취는 바로 눈앞에 리도섬을 바라볼 수 있는 경치가 뛰어난 지역이나 그것보다도 장관인 것은 만내(灣內)에 이어져 있는 몇천 개라는 숫자의 호화 요트인 것이다.

해안에는 요트의 소유주의 집에 부합되는 당당한 저택이 줄지어 있어, 요트를 보고 집을 바라보고 있으면 일본 사람들의 돈부자 같은 것은 가난뱅이로 보여진다.

그 뉴포트 비취의 레스토랑에서 유대인과 식사를 하면서 나는 갑자기 물어 보았다.

"저런 집에서 살며, 저런 요트에 타고 있는 사람들은 대체 어떤 일을 하고 있는 사람들일까요."

유대인은 장난기 섞인 웃음을 띠며 가르쳐 주었다.

"후지다 씨, 일을 하고 있는 사람은 여기에는 없어요."

즉 벌대로 번 사람들이 그 후에는 인생을 즐기는 것뿐이다 하며 이곳에 모여든다는 것이었다.

일본 사람들은 가난하기 때문에 죽을 때까지 일하지만, 유대인은 번 후에는 반드시 즐긴다.

그 즐거움이 있으므로 벌 때는 철저하게 버는 것이다.

일본 사람들에게는 돈벌이가 목적이라고 알고 있는 사람들이 많으나 그것은 틀린 생각이다. 돈벌이는 번 다음에 그것으로 무엇을 하기 위한 수단에 불과하다.

"돈 버는 방법을 가르쳐 주세요."

하고 물어오는 사람이 많은데 나는 언제나,

"가르쳐 줘도 괜찮으나, 번 후에 그것을 어디에 쓸 것입니까?"

하고 물어본다. 그러면 대부분의 사람이 의아하다는 얼굴을 하면서,

"벌어본 적이 없기 때문에 모르겠습니다."

라고 대답한다. 그러면 안 된다.

벌면 세계 최고의 관광지에 가고 싶다든지, 집을 사고 싶다든지, 스포츠카를 타고 싶다든지, 미인들을 돌려 앉혀 놓고 싶다든지 하는 등 처음부터 상세한 목적을 정해 두는 것이 돈벌이의 룰인 것이다.

돈을 쓰는 방법도 모르는 사람에게 돈 버는 방법을 가르쳐 주더라도 소용이 없다. 아마도 술과 여자에게 낭비하는 것이 고작일 것이다.

그렇다면 가르쳐 준 보람이 없다. 인생에는 술과 여자 이외에도 해야 할 일이 너무나도 많이 있다. 역시 그것을 하고 싶다고 하는 사람에게 가르쳐 주고 싶어진다.

더욱이 목적을 알고 있으면 얼마만큼 벌게 하면 되는가 예상이 되므로 그와 같이 코치할 수가 있다. 번 후의 계획이 없는 사람에게는 무엇을 가르쳐 주어야 할 것인가를 모른다.

■ '돈벌이는 목적이 아니고, 수단이다'라고 생각하라.

학교에서도 마찬가지다. 의사가 되고 싶다고 하는 목적을 가지고 있는 학생 같으면 의과 대학에 진학해라, 그리고 그러기 위해서는 이런저런식의 공부를 하도록 하라고 어드바이스할 수가 있다.

그러나 진로가 정해져 있지 않은 학생에게는 아무런 어드바이스도 할 수 없다.

돈벌이가 하고 싶으면 돈벌이는 목적이 아니고 수단이다라는 것을 재빨리 생각하는 것이 성공하는 요결인 것이다.

목적을 정하고 그러기 위해 버는 계획을 세우는 일이다. 닥치는 대로 돈벌이에 정력을 쏟으면 생명을 단축시킬 뿐인 것이다.

목적없이 돈을 벌면 술과 여자에게 달려가기 일쑤라는 것은 이미 지적한 대로이나, 40세를 넘어 목적 없는 돈이 벌리면 의외로 술과 여자에게는 낭비하지 않게 된다. 아니 술과 여자에 낭비하려고 하더라도 체력과 건강 문제가 있어 마음대로 몸이 말을 들지 않는 것이다.

그래서 얼핏, 뭔가 다른 일이 없겠는가 하고 생각하게 되어 느지막하게 목적을 만들게 된다.

그러나 젊을 때에는 그렇게 되지를 않는다. 계속 밤샘을 하며 마구 떠들어대도 몸이 제대로 견뎌내기 때문에 귀중하게 번 것을 탕수(湯水)처럼 낭비하여 원상대로 도로아미타불이 되어버린다. 정신이 들어 입술을 깨물어도 때는 늦는다.

낭비벽에 걸리면 두 번 다시 벌어서 손에 쥘 수는 없게 되는 것이다.

그러므로 40세까지 성공하고 싶다는 사람에게는 특히 그 점을 강조해 두고자 한다. 40세까지는 돈의 사용 방법을 아십시오, 번 다음에 목적을 정하십시오, 하고.

인생은 플랜(계획)을 세웠다고 하더라도 그 플랜대로 되는 것은 아니다. 잘 되어도 플랜대로 되며 플랜 이상으로는 절대 안 된다고 장담해도 좋을 것이다.

그러므로 돈벌이를 하는 경우에도, 최저의 플랜이 없으면 도저히 돈 같은 건 벌어지지 않는다는 것을 알아야 할 것이다.

# 자기 자신의 레저를 발견하라

일본 사람들은 볼링 붐이라고 하면 너도나도 모두 볼링 열기에 말려들며, 골프 붐이라고 하면 오전 4시에 일어나서 내가 먼저 하는 식으로 골프장으로 달려간다.

골든 위크가 되면 행선지는 모두가 같으므로 전철이 만원, 승용차는 밀리며, 간 곳에는 사람들의 물결로, 즐거워야 할 행적이 매우 비참하게 된다.

그것은 모든 일본 사람들이 놀이에 서툴다는 외에는 아무것도 아니다. 일하는 데에만 쫓기어 노는 것을 잊어버린 가난한 민족의 가엾은 습성이라 해도 과언이 아니다.

그런 면에서는 유대인은 자기 자신의 레저를 발견하여 인생을 풍요롭게 즐기고 있다. 놀이에는 굳이 남과 같아야 할 필요는 없다. 자기만이 즐거우면 되는 것이므로 붐이라고 달려들 필요는 없다.

내가 알고 있는 미국인 중에도 특히 변화된 레저를 즐기고 있는 이가 라딕 씨이다. 악기에 조예가 깊은 분 같으면 드럼 메이커의 라딕이라고 하면 곧 알 것인데, 그곳의 사장으로 금년 93세가 되는 노인이다.

그 라딕 씨의 즐거움은 역시 '소리(音)'이다. 그런데 아주 딴 판인 '소리'로 대포를 쏘아대는 것이 취미인 것이다. 라딕 씨의 이웃인 마이코라스 씨는 나의 친구이다. 내가 마이코라스 씨의 집을 방문했을 때에 라딕 씨의 변화된 취미가 화제가 되어, 마이코라스 씨가 라딕 씨의 취미인 연대마다의 대포(大砲)를 빌려와서 쏘아보였다.

낡아빠진 대포로서 남북 전쟁 때 쓰였던 카논포인 것이다. 나는 애를 먹고 있었는데 그 소리가 큰 것에 고막이 찢어지고 밥통이 쓸렁할 정도의 굉장한 소리였던 것이다. 후에 허리가 빠져나가지 않은 것이 다행이라고 생각되었다.

그런데 라딕 씨는 이전에는 매일같이,

두쿵! 두쿵!

했었다고 한다. 그런데 견디다 못한 이웃 주민들이,

"라딕 씨의 대포를 쏘지 못하게 하라!"

고 노발대발하고 난 다음부터는 연간 90발, 4일에 1발씩으로 제한되어 버렸다고 한다.

라딕 노인의 일은 하루 중 드럼을 테스트하는 일이다. 일을 하지 않을 때에는 소리를 잊어버렸으면 좋을 텐데, 하는 것은 모르는 사람의 생각이며, 그 거대한 대포 소리를 듣는 것이 라딕 노인의 취미와 레저를 겸한 정신적 안정법이라는 것이다.

그 라딕 노인의 레저에는 이웃에 누를 끼친다는 단점이 있으나, 레저란 원래 개인개인에게 있어 달라야 하는 것이다.

다른 사람들과 같은 레저를 즐기고 있다면, 역시 그 상대와 같은 수입에 맞지 않으면 안 될 것이다. 다른 사람들보다도 훨씬 더 벌고 싶다면 개성적인 레저를 발견하여 왕과 제후가 즐기는 대로 혼자서 맛보는 일이다.

# 낙제도 융통인 것이다

나는 초등학교 6학년을 2번 다녔다고 하지만 성적이 나빠서 낙제한 것은 아니다. 성적이 나쁘기는커녕, 항상 클래스에서 톱을 했으며, 개교 이래의 수재라고까지 말해 왔다.

나는 초등학교를 우수한 성적으로 졸업하고는 6명의 동급생과 함께 중학교 입시를 봤다. 물론 6명 중에서 나의 성적이 톱이었던 것이다.

그런데 다른 5명은 무사히 합격했으나 나만이 입시에서 낙방한 것이다. 당시에는 왜 학업 성적이 우수한 나만이 낙방했을까 하는 의문으로 여우에 홀린 것 같은 기분이었으나, 나중에 들은 이야기로는 당시 나를 맡았던 초등학교 선생님이 이놈은 이대로 키웠다가는 큰일난다며 이쯤에서 한번 경각심을 불어 넣어 주어야 한다고 생각하고,

"후지다라는 학생은 찌꺼기이니 입학시키지 않는 편이 좋다."
고 내신서에 썼었다고 했다. 그래서 보기좋게 낙방되었던 것이다.

놀고 있어 봤댔자 별 수 없다. 그렇게 생각하고 나는 아버지께
"다시 한번 6학년에 다니게 해 주세요."

라고 말씀드렸고 아버지께서는 그러는 게 좋겠지 하시며 교장 선생님께 부탁하러 가 주셨다.

그런데 교장 선생님은 아무리 아버지가 청원해도,

"한 번 졸업 증서를 준 학생에게 6학년을 더 시킬 수는 없다."
고 하시면서 잡아뗐다.

"건강이 좋지 않아 장기 결석을 했다면 6학년을 2번 다녀도 괜찮겠지만……."

아버지께 그렇게 말씀하셨다고 한다. 건강이 좋지 않기는커녕 몸은 건강하며 머리도 뉴턴이 다시 태어났다고 할 정도였으므로 다른 초등학교 6학년에 재입학하여 다음해 어려움없이 우수한 성적으로 중학교에 진학했던 것이다.

그러나 나는 6학년을 2회 거친 덕분으로 보통 사람의 배 이상의 친구를 얻게 되었다.

중학교에서는 동급생은 물론 친구들이지만, 한 학년 위의 아이들도 친구인 것이다. 친구들이 많다는 것이 그 이후의 나에게 얼마나 큰 무형의 재산이 되었는지 모른다.

낙제도 재수생도 일종의 융통성인 것이다. 그리고 그 융통성은 장사를 하는 데에도 돈벌이를 하는 데에도 중요한 요소인 것이다.

# 움직인다는 것이 일한다는 것은 아니다

우리들은 회사에서 이리저리 움직이고 있으면 그럭저럭 일하고 있는 것이라고 잘못 생각하고 있다.

'움직인다'는 것과 '일한다'는 것은 글자를 보더라도 틀린다. '일한다(働)'는 쪽에는 인변이 있다.

회사에서 '움직인다'는 것은 가치가 없다. 일을 함으로써 비로소 사원으로서의 가치가 생겨나는 것이다.

열심히 상사에게 차를 올리며, 아양을 떨거나 사장 앞을 빠른 걸음으로 달려가면서 마치 열심히 일하고 있는 것같이 보이려고 하는 자가 있는데, 그러한 터무니없는 움직임을 보이더라도 회사에는 1전(錢)도 벌이가 되지 않는다. 가만히 있어도 회사를 위해서 도움이 될 수 있는 생각을 하고 있다면, 그것은 벌써 일하고 있는 셈이 된다.

내가 회사에 나가면 사장님 안녕하십니까 하고 일부러 인사하러 오는 자가 있는데 이러한 자들은 일하고 있는 것으로는 보지 않기로 하고 있다.

## 74

# 몸이 가루가 되도록 일하지 말고
# 머리가 가루가 되도록 하라

사장실에 중요한 손님이 오면 흔히 사장 자신이 차를 끓여 대접하는 장면을 보는 적이 있다.

일본 사람은 사장 자신이 차를 끓이거나 콜라 같은 것을 가지고 가면, 그 순간 인상을 좋게 하는 것 같은 유치한 데가 다분히 있다.

그리고 그것을 일본 사람의 미덕이라고 생각하고자 하는데, 어림도 없는 생각이다.

사장은 '차를 가지고 오라'고 부하든 여자직원이든 지시하면 되는 것이다. 그것은 결코 신분상으로나 윗사람이 아랫사람을 부려 먹는다는 '차별'은 아니다. 윗사람이 '지시하는' 일이기에 돈 버는 시스템인 것이다.

유대 상인들은 월급이 많은 사람들은 움직이지 말라고 한다. 월급이 비싼 사람이 움직이면 회사의 손해라는 것이다.

일본 사람들은 사장이라는 사람이 솔선수범하지 않으면, 안 된다고 생각하는 풍조가 있는데 유대인은 움직여서는 안 된다, 머리를 써야 한다고 생각한다.

그러므로 외국에서는 월급이 비싼 사람은 절대로라고 할 정도로 움직이지 않는다. 차례차례로 손을 움직여 부하에게 지시할 뿐이다.

제트 시대, 컴퓨터 시대에는 몸이 가루가 되도록 일하지 말고, 머리가 가루가 되도록 하지 않으면 안 된다.

# 75

## 소변을 천천히 보라

나에게도 일본 사람 특유의 성급한 데가 있어서 이전에는 화
장실에서 손수건으로 손을 닦으면서 나오는 것을 유대인에게 보
이게 한 적이 있었다.

"후지다 씨, 당신 왜 화장실에서 급하게 서둘러요."

유대인은 그렇게 말하면서 나에게 고개를 저어 보였다. 처음
에는 나는 에티켓에 대한 것을 주의하고 있는 것으로 알았다.

그런데 잘 알고 보니 그렇지가 않은 것이다.

"몸의 생리는 자연에 역행해서는 안 되는 거예요."

유대인들은 한결같이 그렇게 말했다.

일본 사람들이 화장실에서 용변을 보는 것을 보면, 모두들 힘
을 주어 방뇨하고 있다. 그러나 유대인들은 힘을 주지 않는다.
자연 그대로에 맡겨 두는 것이다.

"오줌 나오는 곳도 파이프예요. 파이프에 수압을 가하여 흘리
면 파이프가 상하기 쉽고 자연스럽게 흘려보내는 것에 비하면
오래 견딜 수 있는 상태가 달라져요. 자기의 생명에 관한 것을
생각한다면 급하게 방수(뇨)해서는 안 돼요. 힘을 주어 오줌을

누는 사람은 기관 고장으로 빨리 죽을 염려가 있으므로, 위험해
서 그런 사람을 상대로 하여 장사할 수 없어요."

그렇게 말하는 데 대해서 나는 꼼짝달싹도 못했다.

그 이후에 화장실에서 상담(商談)하는 상대와 마주치게 되면
일부러 나는 칸막이 너머를 힐끔 넘겨다보게 되었다.

무엇보다도 싸이즈에 신경을 쓰거나, 호모기가 있어서가 아니라
어느 정도 기관을 중히 여기고 있는가를 관찰하기 위해서이다.

이제부터의 시대는 맞선을 볼 때 혈액 검사증을 교환하는 것
도 좋은 방법이나, 서로가 방뇨의 소리를 듣고 얼마나 몸을 중히
여기고 있는가를 추적하여 성부(成否)의 판정의 데이터로 하는
것도 좋은 방법이 아니겠는가.

# 76

## 항상 다음 돈벌이를 찾아라

　유대인들은 어떤 사업이든 영원히 계속될 것으로는 생각지 않는
다. 그래서 현재의 자기의 사업에서 돈을 벌고 있을 때에, 다음에
는 무엇을 하면 벌 수 있는가를 생각하여 그 대책을 짜고 있다.
　일본에도 최근에 들어 겨우 그와 같은 생각이 침투되어 볼링
전성시대에서 '포스트 볼링이란 무엇인가'를 진지하게 생각하
고 있는 사람도 몇 사람인가 알고 있다.
　그런데 예를 '포스트 볼링 산업'에 두면 일본 사람들은,
　"양궁(洋弓)일 거다."
　"아냐, 실내 풀이다."
라며 '줄곧 하나의 본명(本命)' 찾기에 힘껏 노력할 것이다. 그 포
스트 볼링 산업은 하나밖에 없으므로 그것을 남보다 빨리 발견하
여 벌고 싶다고 하는 발상은 얼마나 일본다운 것인가 생각한다.
　나는 포스트 볼링 산업이라 하더라도 그것은 한 종류만에 한
정된다고 생각하지 않는다. 그러므로 양궁도 정답이고, 실내 풀
도 정답이라고 생각하고 있다.
　그 이유는 볼링은 레저 산업사(産業史)중에서도 1000년에 한

번 있을까 말까 하는 대 만루 홈런인 것이다. 그래서 포스트 볼링에 볼링 산업과 같은 대홈런이 계속 터진다고는 생각할 수가 없는 것이다.

그렇다고 하면, 대 홈런을 겨냥하여 헛쳐서 3진(三振)을 뺏기는 것보다는 볼링을 분석하여 볼링 요소를 다분히 가지고 있는 레저를 찾아내어, 확실하게 단타(單打)를 겨냥하는 편이 현명하다.

볼링이 일본에서 폭발적인 붐을 불러 일으킨 포인트는 2가지가 있다.

첫번째 365일 날씨에 상관 않고 놀 수 있는 전천후형 스포츠라는 것이다. 일본처럼 '좋은 날씨이군요'하며 인사에 날씨가 나올 정도로 날씨가 좋지 않은 나라에서는 맑은 날씨에 상관없이 즐길 수 있다는 것이 굉장한 장점이라고 할 수 있다.

두번째는 자택이든 근무처이든, 가볍게 할 수 있으면서 단시간에 충분한 운동량을 취할 수 있는 점이다. 그것이 유독히 바쁜 일본 사람에게 받아들여졌다.

그래서 포스트 볼링의 매스 레저(대중 레저)를 찾으려면, 그 2가지 조건에 합당한 것을 찾아내면 되는 것이다.

양궁이나 실내 풀 외에 스키슈, 인도어 골프, 인도어 테니스, 배드민턴 등 여러 가지가 있다. 그 중에서도 테니스가 여러 면에서 다음 붐의 기수(旗手)로 될 것 같은 추세이다. 남녀가 함께할 수 있다는 것에도 포인트가 될 것 같다.

장사는 마땅히 머리를 써야 한다. 머리가 좋은 사람은 돈을 벌고, 머리 회전이 나쁜 사람은 손해를 본다.

그것은 장사의 정칙(定則)인 것이다. 머리는 쓰지 않으면 녹이 슬고, 나쁜 머리라도 쓰고 있는 동안에는 회전이 잘 되는 것이다.

# 77

## 동물 영(젊은이)에 주의하라

작금에는 뭐냐하면 영, 영으로 모든 일본이 영에게 점령된 것 같은 대소동인 것이다. 영 대유행도 좋지만, 다시 한번 영이란 무엇인가 하고 되묻는다면 아마도 일본 사람들은 대답에 망설이게 될 것이다.

나는 해방 이후에 태어난 소위 영은 그 이전의 사람들과는 마치 다른 동물이라고 생각하고 있다.

텔아비브에서 퉁탕거린 바보들은 해방 전 사람들에게는 상상할 수도 없는 동물이다. 대체 무엇 때문에 아랍 게릴라의 총대를 메지 않으면 안 되는 것인가 우리들은 아무래도 알 수 없다.

일본 사람 같으면 일본에 관한 것만을 걱정하면 되는 것인데, 일본에 관한 것은 제쳐두고 아랍에 관한 일을 걱정하고 있다. 즉 영은 그 이전의 세대 사람에 비하면 국가 의식이 매우 희박해지고 있다.

그것은 전세계의 모든 나라의 영에게 공통된 현상인 것이다. 그 이전의 세대가 아무리 해도 일본 사람이고, 아무리 해도 미국 사람인데 대하여, 영은 일본 사람이면서 실로 멋있는 미국 사람처럼 되고, 미국의 영들도 곧바로 일본 사람처럼 된다. 영 이외

의 인간에게는,

"우리는 일본 사람들이기 때문에 그런 짓은 할 수 없다."
라는 의식이지만, 영에게는 그것이 없다. 그 대신 국제성(國際
性)이 있다.

일본의 영들이 이제까지의 일본 사람과 다른 동물이 된 것은
해방 후에(일본에서는 전후라고 함) 시작되었던 급식(給食) 탓
이다.

학교 급식의 제1회가 1940년 생부터 실시되어, 그들의 식사가
쌀에서 빵으로 바뀌어 갔다. 그 이전의 일본 사람들은 쌀과 생선
이 중심이었으므로, 그 변화는 일본이 시작된 후 제일 큰 일이라
하지 않을 수 없는 것이다. 돼지나 말도 먹이가 바뀌면 상태가
달라진다. 쌀과 생선을 먹고 있는 사람과 빵과 고기를 상식(常
食)하는 사람과는 상태가 달라진다.

고기를 먹으면 피가 소용돌이친다. 텔아비브에서 통탕한 일행
들을 미친놈들이라고 외쳐도 할 수 없다. 다른 먹이를 먹인 세상
이 나쁜 것이다.

얼굴 색깔이 노랗고, 머리가 검고, 어디로 보나 일본 사람이지
만, 영은 이제까지의 일본 사람과는 완전히 다른 동물인 것이다.

장사할 때에는 그것을 잊어서는 안 된다. 이 나라에는 다른 동
물이 2종류 있다는 것을 명심하고, 그 나름대로의 대응책을 강
구하지 않으면 장사는 성립되지 않는다.

'단절(斷絶)의 세대(世代)'라는 말을 자주 하는데, 먹이를 분
석하여 다른 동물이 잡거하고 있다고 생각하면 간단히 설명될
수 있을 것이다.

# 78

## 영(젊은이)을 장사의 기폭제로 삼아라

사람은 몇 살이 되어도 젊게 보이려고 한다. 40세가 되어도, 50세가 되어도 자기는 26세라고 생각하고 있는 사람이 많다.

그러한 사람들이 '영, 영'이라고 할 경우에는 자기의 영 시절을 생각하며 이야기를 하는데, 현재의 영(젊은이)은 이질(異質)의 영임을 잊어서는 안 된다.

정신 연령 26세의 사람이 생각하고 있는 것과 같은 독하지 않은 영이 아니다.

지금의 영은 '돈이 필요하다'고 뚜렷이 말한다. 아침, 점심, 저녁을 햄버거만 먹고 다음날 아침에 다시 햄버거를 먹어도 아무렇지도 않다는 얼굴을 하고 있다.

아무리 보아도 이인종(異人種)이다.

나는 세계에서 제일 맛있는 햄버거를 팔고 있지만, 나와 같은 전중파(戰中派)는 그 세계에서 제일 맛있다는 햄버거라 하더라도 낮에 배불리 먹고 나면, 솔직히 말해서 저녁때는 싫어진다.

그 영의 최대의 특징은 낭비벽이 있는 것이다. 그래서 백화점이나 슈퍼에서도 영, 영 어서 오십시오——하면서 줄곧 영 노선을 일로 매진하고 있는 것이다.

낭비벽이 있는 사람들을 모으면, 의당 벌이가 되므로 방법으로서는 나쁘지 않다.

그런데 영 노선을 쫓아가다 보면, 8층인 백화점에 1층부터 8층까지 전층을 영 물건만을 채워버리면 실패하고 만다.

그 이유는, 아무리 영들을 추켜세우더라도 영들은 저소득층이다. 돈으로 말하면 1,000엔짜리와 마찬가지이다.

장사는 1만 엔짜리를 부르지 않으면 성공하지 못한다. 그렇다고 1만 엔짜리만을 쫓아가고, 1,000엔짜리는 아무렇게나 팽개쳐 두어서는 안 된다. 역시 1,000엔짜리를 불러들일 수가 없으면 1만 엔짜리는 도저히 불러들일 수 없는 것이다.

즉 영을 장사의 기폭제로써 활용하는 것이 영 노선의 목표가 되지 않으면 안 된다.

영이 무리를 지어 있으면, 정신 연령 26세의 괴상한 자칭 영이 뒤에서 이들을 쫓아온다. 그 1,000엔짜리의 뒤에서 따라오는 1만 엔짜리를 1,000엔짜리와 함께 모두 챙겨넣어야 벌이가 되는 것이다.

1만 엔짜리를 끌어들이기 위해 먼저 1,000엔짜리를 끌어들인다. 그것이 장사라는 것이다.

그러므로 백화점에서도 2층까지는 영 상대 상품으로 진열하면 좋을 것이다.

그러나 3층 이상까지 영 상대 상품으로 진열하면 절대 손해를 본다. 실패하고 있는 백화점을 조사해 보았더니, 위에까지 영 상품 일색으로 해 놓은 경우가 많다. 3층부터 위에는 1만 엔짜리를 겨냥해야 한다.

영은 어디까지나 기폭제로써 삼되 영 중심으로 장사를 하게 되면 필히 실패한다.

# 79

# 10년 앞을 내다보라

현재 30세 되는 젊은이는 10년 후면 40세가 된다. 장발의 묘한 중년 남자가 10년 후에는 탄생하게 될 것이다.

즉 영 어덜트(젊은 어른)가 출현하게 되는 것이다. 그것은 큰 변화이며 세상이 이상하게 될 것이다.

예전에 조부님으로부터 들은 이야기가 묘하게 인상에 남아 있다.

메이지 10년경의 일인데 시내를 걷고 있으면 등에다 대꽂이를 넣은 것같이 점잖게 걸어다니는 사람이 많았다고 한다.

수년 전부터 허리에 크고 작은 칼을 차고 거닐고 있던 무사(武士)인 것이다.

그들은 등골을 쭉 펴고 정면을 겨누어 보며, 도로의 한가운데 만을 걸어다녔다. 구부러진 모퉁이에 오면, 로봇 인형이 채까닥하고 소리를 내면서 방향을 바꾸듯이 굳건하게 굳어진 상태로 모퉁이를 돌았다고 한다.

새로운 시대에 재빨리 용해되어간 서민들은, 언제까지나 무사의 성벽이 남아 있는 옛 시종들의 그러한 모습을 뒤에서 손가락질하며 웃었다고 한다.

"저기에 전세기(前世紀)의 유물이 걸어가고 있어."

그렇게 말하면서 웃는 시대가 올는지도 모른다. 그러나 그런 시대가 왔으면 왔지 나는 5000년의 역사를 자랑하는 유대 상법의 노하우를 구사하여 영 어덜트를 상대로 돈을 벌 작정이다.

# 인간은 동물이라는 것을 잊지 말라

유대인들은 '일본 사람은 인간도 동물인 것이다.'라는 사실을 잊고 있는 것이 아닌가 라고 말한다.

그들 말을 빌리면 인간이 동물이라는 기초 지식을 잊어버리고, 인간이 자유 의사를 가진 고등 생물이라고 착각한다면 여러 가지 파국(破局)에 직면하게 될 것이라고 말한다.

장사의 경우도 상대편이 인간이라고 생각하기 때문에 벌지 못한다. 상대편이 동물이라고 생각하지 않으면 안 되는 것이다. 동물이기 때문에 금욕도 성욕도 있는 것이다. 그리고 여러 가지 욕망이 있고 본능이 있는 것이다. 그것을 공격하는 것이 장사의 요결이다.

동물인 상대편의 욕망을 어떻게 공격하며, 본능이 가지는 약점을 어떻게 해서 찌를 것인가를 장사꾼은 항상 생각해 두지 않으면 안 된다.

종교가나 교육자는 인간을 인간으로서 보아야 한다.

그러나 장사꾼은 인간을 동물이라고 인식하지 않으면 안 된다. 그리고 인간의 근본적인 욕망에 호소하여 장사를 해야 하는 것이다.

장사꾼 뿐만 아니다. 국가도 정부도 인간은 동물이라는 것을 인정하고 좀더 인간의 욕망에 호소할 수 있는 시정을 베풀어야 할 것이다.

그것은 결코 수치스러운 일도 아무것도 아니다.

욕망에 호소하라고 하면 일본 사람은 경멸하는 눈으로 본다. 대체적으로 일본 사람은 좋은 모양새를 하고 싶어하는 경향이 강하다.

돈을 경멸하면서 돈을 동경하고 있는 것도 그 한 예이다. 보다 정직하고 솔직하게 돈을 동경하더라도 괜찮다고 생각한다.

# 먼저 자신을 생각하고 다음에 사회를 생각하라

    사람도 동물이므로 욕망을 앞세우며 어떻든 자신만을 생각하기 일쑤이다. 어떠한 위인이라도 먼저 자기 자신을 위하여 행동하고 있다. 위대한 정치가들은 입을 열기만 하면,

    '나는 나라를 위하여 사회를 위하여 혼신의 힘을 다하여 일하고 있습니다.'

라고 부끄러움도 없이 큰 소리로 외치고 있으나 그것은 거짓말이다. 인간이 동물인 이상 살아가기 위해서는 먼저 자기 자신을 위하여 일하는 것이다. '사회를 위하여'라는 것은 그 다음 일인 것이다.

    그러나 예컨대 그 다음에도 역시 사회의 일과 시대의 일을 생각하는 것이 인간이다.

    우리들이 오늘날 양복을 입고, 맛있는 식사를 들면서 여유만만하게 텔레비전을 즐길 수 있는 것은 우리들의 선배들이 위대했기 때문이며 그 외에 아무것도 아니다.

    우리들은 선인(先人)이 남겨준 인지(人智)의 축적의 은혜를 받아 생활하고 있는 것이다. 그렇다면 당연히 우리들도 또한 후

배를 위하여 인지를 쌓아주어야겠다는 마음가짐이 없어서는 안 된다. 그렇게 하지 않으면 인간 사회는 절대 향상되지 않는다.

인간이 결혼하고 아기를 낳고, 그 아기를 기를 때까지는 20년에서 30년이란 세월이 필요한 것이다.

즉 우리들은 몇백 년 계획으로 이 나라를 잘해 나갈 것을 생각함과 동시에 자기가 살아 있는 5, 60년 동안에 한 가지 숙제를 마무리해 두려는 자세도 동시에 함께 갖지 않으면 안 된다.

즉 민족에 관한 일과 자기에 관한 일의 두 가지를 생각하지 않으면 안 될 것이라고 생각한다. 그렇다면 인간이 근무하는 기업에서 더욱 일하는 보람이 있는 것은 일하는 그 개인을 위해서도 득이 되고 동시에 세상을 위해서도 득이 되는 기업인 것이다.

이익을 내기 위하여 인체에 유해(有害)한 화학 물질을 몰래 흘리는 기업 등은 비싼 월급을 받는 개인을 위하는 것은 되지만, 세상을 위한다고는 할 수가 없다. 인간은 자기 자신을 위하면서도 동시에 세상의 진보에 공헌하고 있는 것이라고, 가슴을 펴고 뻐길 수 있는 일만을 해야 한다는 것이다.

"비싼 급료를 받을 수 있고 더욱이 당신의 일이 세상의 진보를 위해서도 득이 되고 있는 거예요."

경영자가 강한 신념을 가지고 그렇게 말할 때, 사원들은 죽자사자 일할 것이다.

# 성공하는 색깔과 실패하는 색깔

젊은이들이 입고 있는 것은 남녀를 불문하고 실로 다채로우며, 컬러 시대는 이제부터 점점 본격화해 갈 것이다.

장사도 컬러의 선택으로 성공하거나 실패하거나 하는 경향이 점점 크게 될 것임에는 틀림없다.

이러한 실례도 있다.

네덜란드의 유명한 햄 회사가 전후에 미국에 햄 통조림을 수출했다. 그 회사의 햄은 싸고 맛있기로 정평이 있어 회사로서도 값이나 맛에 있어서 충분히 타사 제품과 싸워 이길 수 있는 자신을 가지고 있었다.

그런데 수출선(輸出先)인 미국에서의 판매 경향이 형편없는 것이었다. 아무리 대선전을 해도 팔리지 않았다.

햄 회사에서는 필사적으로 왜 팔리지 않을까 하고 조사에 나섰다.

이유는 간단했다. 통조림의 색깔이 그린색이었기 때문이었다.

미국에서는 독물(毒物)을 나타내는 색깔이 그린색인 것이다. 극약을 나타내는 색깔도 모두가 그린색이다.

그 그린색이 슈퍼에 가득 줄지어 있어도 살 사람이 없었다.

손님들은 놀라운 듯 목을 움츠리며 그린 색깔의 통조림 진열장에서 발걸음을 빨리 뗄 뿐이었다.

아무리 통조림 색깔이 그린색일지라도 깡통에는 정확히 네덜란드제의 햄이라고 씌어 있었다. 그러므로 손님들은 깡통의 속은 햄이라는 것을 한눈에 알 수 있다. 그래도 '그린 색깔은 본래 독물'이란 선입관 쪽이 강하여 그린 색깔의 통조림은 경원당하고 말았던 것이다.

오랜 동안의 습관으로 그린 색깔의 통조림은 독이 든 햄이라고 생각되었던 것 같았다.

그 나라에서는 어떤 색깔이 어떤 뜻을 지니고 있는지, 그것까지 조사해 두지 않으면 장사를 할 수 없는 시대로 이미 돌입하고 있는 것이다.

예컨대 일본에서는 죽음의 색깔이 검은색(우리 나라는 백색)이나 프랑스에 가면 그것이 자색(紫色)으로 된다. 장례식 때에 관을 덮는 것은 자색 포이다.

이와 같이 하찮은 데에 돈벌이의 맹점이 있으므로 무섭기도 하다.

제 6 장
대담한 발상과 감각

# 국제법마저 뒤떨어져 있다

유대인은 이야기를 해 보면 잘 알 수 있지만 잡학(雜學)의 대가이다. 이런것 저런것 모든 것에 정통하다.

그에 반하여 일본의 일류 재계인은 경제에 관하여 너무 좁게 알고 있는 것이다. 그들이 유대인들처럼 크게 벌지 못하는 이유도 거기에 있다. 돈을 벌려고 뜻을 세웠으면, 지식은 좁고 깊게가 아니고, 넓고 깊게 몸에 익혀야 하는 것이다. 좁고 깊게 알고 있는 대표적인 사람이라고 할 수 있는 대학 교수에게 돈벌이의 명수(名手)는 한 사람도 없다는 것을 잘 생각해야 할 것이다.

나는 그와 같은 유대인의 장점을 가급적 취득하려고 작정해 온 셈이다.

유대인의 잡학은 넓은 범위에 걸쳐 있다. 물론 유대인의 머리 속에는 국경과 같은 것은 없다. 그들은 풍부한 잡학을 배경으로 국제적인 시야로써 돈벌이에 대해서 생각한다. 그래서 그 버는 차이가 큰 것이다.

일본 사람에게 앞으로 절대 불가결이라고 할 수 있는 것은 국제 감각이다. 국제 감각이 없는 자는 벌기는커녕 거지가 되어 버릴는지도 모른다.

간세이지방(關稅地方)의 경제계의 젊은 호프라고 불리고 있는 모회사의 사장은 차기 참의원 의원 선거에 입후보할 것이 거의 확실하다고 보아지는데, 그 분으로부터 지난날 전화가 걸려 왔다.

"내가 나갈 정도라면 후지다 씨 당신이 나가는 편이 낫겠다."

그러한 전화였다.

"정치가가 될 만큼 나는 분수가 나쁘지는 않습니다."

나는 웃으면서 그렇게 말했다.

물론 분수 운운한 것은 농담이었으나 지금의 정치는 너무나 경제의 진보에 비하면 뒤지고 있다. 고색창연하다고 해도 좋고, 국제 감각이 결핍된 인물이 지나치게 많다. 나는 그러한 정계(政界)에 아무래도 의욕이 생기지 않는다.

더욱 뒤지고 있는 것은 국내 정치뿐만은 아니다. 외교도 국제법마저도 뒤지고 있다.

태국의 첸마이에서 10수 명의 어린 처들과 달콤한 생활을 보내고 있던 다마모토 모씨(玉本某氏)는 그 자금을 마약 밀매로 취득한 용의자로서 일본으로 돌아오는 비행기 위에서 일본 관헌들에게 체포되었는데 나는 그 체포 방법을 신문에서 읽고는 너무나도 체포한 관헌들의 생각이 고루하다고 느꼈다.

즉 다마모토 모씨가 탄 비행기가 태국 영공을 벗어나, 공해상에 이르는 것을 기다려 재빨리 구속 영장을 집행한 것이다.

영해라고 하는 것은 나라에 따라서 차이는 있으나, 국제법에는 7마일이라는 것이 통설로 되어 있다. 그런데 영해 7마일설의 기본이 되어 있는 것은 나폴레옹 시대의 군함의 대포인 것이다.

당시의 대포는 쏘아대도 6마일에서 떨어져버리는 정도의 사정

거리밖에 없었다. 그래서 먼 바다 7마일에서 쏘아댄 포탄은 절대 육지까지 도달하지 않았다. 그것을 기준으로 영해 7마일설이 채용된 것이다.

그런데 지금은 그런 생각으로 영해는 존재하지 않는다. 장거리 미사일 같으면 태평양에서나 대서양에서나 순식간에 넘어가고 만다. 영해 7마일이란 것이 넌센스이다.

내가 만약 체포될 입장에 있었더라면 나는 고쳐 앉았을 거라고 생각한다.

"공해상에서 체포라고요? 무엇이 공해야. 공해다 영해다라고 말하는 것은 낡아빠진 이야기요. 무엇을 기준으로 하고 있는 거야, 당신은 알고 있기나 한 거요. 보다 새로운 센스로써 생각해 주기 바래요."
라고.

대체적으로 정치가들이 살고 있는 세계는 이와 같이 낡은 세계인 것이다.

# 84

# 한 입으로 두 말하면 신용을 잃는다

금일에 와서는 과학의 진보가 급격한 나머지 국제법마저 낡아 버렸다. 그 국제법의 권위자이며, 일본 최고재판소 장관까지 역임한 요코다 키사부로 씨에게 나는 동경대학 법학부 시절에 가르침을 받은 적이 있다.

그때, 나는 요코다 키사부로 교수에게 손을 들어 질문하였다.

"헌법 제9조의 전력(戰力)이란 무엇입니까?"

나의 질문에 맥아더 사령부의 법률 고문이기도 하였던 요코다 교수는 서슴없이 대답했던 것이다.

"화약을 사용하여 탄환을 발사하는 것이 전력이다. 금후의 일본은 활과 괭이 정도밖에 갖지 못한다. 그러한 시대로 된 것이다."

요코다 교수의 답은 단순 명해(單純明解)하였다.

그런데 오늘의 자위대의 장비는 화약으로 탄환을 발사하는 정도가 아니다. 미사일까지 있다. 이것은 요코다설에 의하면 강대한 전력이 된다.

그런데도 불구하고 요코다 교수는 후에 최고재판관이 되었어도 그 점에 대해서는 아무말도 하지 않았다.

그것은 요코다 교수가 무절제해서가 아니고, 아마도 국제법의 선생이었기 때문일 것이라고 나는 이해하고 있다.

왜냐하면 국제법에 한하여 '사정 변경의 원칙'이라는 것이 있어, 환경이 바뀌게 되면 주장이 바뀌어도 괜찮다고 되어 있기 때문이다.

혹은 요코다 교수는 법학자가 아니고 '법상(法商)'이었고, 그 때문에 앞에 한 말에 대해서 입을 씻고 있었는지도 모른다.

그건 그렇다손 치고 강대한 '전력(戰力)'이 일본에 존재한다는 것은 세계에 다 알려져 있는 사실이다. 아무리 '헌법에서 군대를 갖지 않는다고 표명하고 있으므로 일본에 군대는 없다'라는 기묘한 구실을 붙이더라도 오히려 일본은 한 입으로 두 말을 하게 되어 경계를 당할 뿐이며, 우리들과 같이 세계를 상대로 장사를 하고 있는 사람들에게는 큰 폐를 끼치게 되는 것이다.

그보다도 어차피 자위대를 존립시키려면 당당하게 헌법을 개정하여 군대와 전력의 소유를 명기해야 할 것이며, 헌법을 개정하지 않으려면 자위대(自衛隊)를 해산시키지 않으면 안 되지 않을까.

장사에서도 한 입으로 두 말하는 사람이 종종 있는데 한 입으로 두 말하는 사람은 결국 신용을 얻을 수 없으며, 오히려 큰 벌이를 놓쳐버리는 것이라고 할 수 있다.

# 의상(醫商)을 어떻게 조처하라

일본에서는 병원의 닥터를 '의사'라고 말하는데, 그건 의사라고 불러서는 안 된다. 정확하게 말해서 '의상(醫商)'이라고 불러야 옳다. 닥터 인술(仁術)의 시대는 끝나고, 그들은 비즈니스맨으로서 다시 태어났다고 해야 할 것이다.

그 이유는 나는 60퍼센트의 세금을 물고 있는데 의사는 수입의 다소를 불문하고, 반대로 72퍼센트의 필요 경비를 인정받고 있기 때문이다.

사람은 법 앞에서는 평등하다고 헌법에 명시되어 있으나, 그건 큰 거짓말이다. 의사에게만 72퍼센트의 공제를 인정하는 것은 명백한 헌법 위반인 것이다.

그러한 무원칙한 차별은 즉각 그만 됐으면 한다.

# 미국의 토지 성금

일본에서도 수년 사이에 토지 성금이 화제가 되고 있으나, 미국과 비교하면 쩨쩨한 것이다.

몇해 전 나는 미국에서 노먼 스미드란 사람을 일본 재벌인 시테쓰(松鐵)가 진행하고 있는 택지 조성(宅地造成) 현장에 데리고 간 적이 있었다. 그가 일본에서 개발을 하고 싶다고 하여 안내하였던 것이다.

현장을 보고는 노먼 스미드 씨는 콧방귀를 뀌고는 웃고 돌아가 버렸다.

"무엇보다도 규모가 작아서 이야기가 안 돼요. 이번에 미국에 오게 되면 나에게 연락하시오. 이것이 개발이라는 것을 보여주겠소."

라고 말한 것이 일본을 떠나면서 내뱉은 한마디였다.

그 후에 나는 회사일로 미국에 갔을 때, 그 말을 생각하여 노먼 스미드 씨에게 전화를 걸었다.

"야아, 후지다, 내일 만나러 와요."

노먼 스미드 씨는 나에게 그렇게 말했다. 나는 곧 회답을 망설였다. 내일 오라, 그런데 나의 용무는 사무였으며 바로 다음날은 맥도날드의 세미나에 나가지 않으면 안 되는 스케줄로 되어 있었다. 나는 내일은 세미나가 있기 때문에 안 된다고 대답했다.

"세미나라고? 괜찮아요. 맥도날드의 임원에게 노먼 스미드가 내일 오라고 말하고 있는데 어떻게 된 것입니까?"

하고 의논해 보라는 것이었다.

노먼 스미드 씨는 그렇게 말하고는 전화를 끊었다. 나는 스미드 씨가 말한 대로 맥도날드의 임원을 방문해 보았다.

"노먼 스미드라고? 왜 그를 알고 있지요."

맥도날드의 임원은 눈을 부릅뜨고 나를 보았으나 곧바로 나에게 말했다.

"가 봐요, 후지다 씨. 노먼 스미드가 오라고 했다면 가 보는 것이 좋아요."

나는 다음날 노먼 스미드 씨를 만나러 갔으나 거기에서 그의 이야기가 뜻밖이거나 거짓이 아님을 인정하지 않을 수 없었다.

무엇보다도 굉장하다.

캘리포니아주에는 도시가 3개밖에 없다. 샌프란시스코와 로스앤젤레스와 샌디애고이다.

노먼 스미드는 그 샌디애고의 중심가의 토지의 태반을 소유하는 대지주였던 것이다. 그는 그곳의 도시 한복판에 시민들의 휴게장인 골프장을 만들어 그 주위에 주택가를 배치한 이상적인 도시를 만들고 있었다.

노먼 스미드 씨는 자기 집 건물의 제일 위층에 나를 데리고 가서 아득한 지평선을 손으로 가리켰다.

"보아요, 눈이 비치는 범위는 모두 나의 토지인 거요, 후지다 씨."

나는 어안이벙벙해졌다.

스케일이 다른 것이다. 그리고 미국은 이와 같은 '영웅'이 출현하게끔 합리적인 세제(稅制)를 시행하여 국민들의 근로 의욕을 잘 북돋우어 주고 있는 것이다.

일하면 부자가 될 수 있다. 그것을 알았을 때 젊은이는 미래의 꿈을 그리며 자기 자신을 위해 일을 하게 되는 것이다.

장사하는 사람에 있어서는 돈을 번다는 것이 미덕이어야 한다. 나는 노먼 스미드 씨의 옆모습을 바라보면서 곰곰이 그렇게 생각한 것이다.

# 87

## 무한 보증부인 크레디트 카드

나의 친구 중의 한 사람인 하이먼 맛소버 씨라고 하는 중근동계(中近東系)의 유대인이 있다. 시카고에서 제일의 다이아몬드 상(商)이다. 그 맛소버 씨에게도 유대상인은 스케줄이 크다는 사실을 찾아볼 수 있었다.

몇해 전 맛소버 씨는 동경에 놀러 왔으나 그때 쇼핑에 나가 니혼바시 백화점에서 나에게 상당히 흥분되어 전화를 걸어왔다.

"이봐, 후지다 씨. 난 깜짝 놀랐어요."

그렇게 말하는 그의 전화를 받고는 이번에는 내가 깜짝 놀랐다.

맛소버 씨는 어느 회사의 크레디트 카드를 가지고 있는데, 그 카드로써 88만 엔의 상아불상(象牙佛像)을 사려고 했는데 매장에서 거절당했다는 것이었다.

일본의 크레디트 카드의 경우, 1회에 매물은 10만 엔 이하로 정해져 있거나 그 외에도 여러 가지 제약이 있으나, 맛소버 씨의 카드는 '특별한' 것이다. 그런데 그것을 아무리 설명해도 매장에서는 '곤란합니다.' 하고 막무가내였다고 한다.

'세계의 부호인 크레디트 카드에 트집을 잡다니 일본의 백화

점도 틀려먹었다. 그래서 일본 사람들은 촌뜨기라는 말을 듣는
것이다…….'

나는 혀를 차고 있었지만 촌뜨기가 되었건 어떻건, 백화점에
서 모르겠다고 하는 데에는 할 수가 없다.

이윽고 맛소버 씨가 우리 회사로 되돌아왔는데, 문제의 크래
디트 카드를 내게 보이면서 쓴웃음을 짓고 설명해 주었다.

맛소버 씨가 사용하고 있는 크레디트 회사의 카드에는 좌측
구석에 조그만한 암호가 새겨져 있다. 1, 2, 3, …… 6, 7, 로 되어
있으며, 그 다음이 맛소버 씨의 카드에는 8자 대신 8자가 옆으로
된 '무한대'의 표시가 들어 있는 것이다.

그것은 거의 전세계를 커버하고 있는 그 신용보증 회사가 한
정된 몇 명의 초대 부호에 한해서 무한대의 보증을 하고 있다는
표시라고 하였다.

"3이나 4같은 건 얼마든지 있어요. 6과 7만 하더라도 있어요.
그렇지만, 나의 것은 무한대이거든. 극단적으로 말하면 내가 몇
10억 엔의 물건을 샀다고 하더라도 신용보증 회사는 보증해 주
는 것입니다."

맛소버 씨는 그렇게 말했으나, 나는 그 스케일이 큰 것에 압도
당하고 말았다.

아마도 백화점 매장에서 맛소버 씨는 똑같은 말을 했으리라
생각하지만, 맛소버 씨에 비하면 스케일이 작은 '좀부자'만을
취급해 온 백화점에서는 그의 말이 너무나 크기 때문에 아무래
도 납득이 가지 않았을 것이다.

일본이 '가난한' 나라라는 것은 이것만 보아도 잘 알 수 있다.

## '국제역 도시락 대회'를 열면 돈을 번다

나는 세계 각국에 25년간 돌아다녔는데 어느 나라를 가든 그 나라의 국민들이 모두 먹고 있는 음식이 있다. 그것이 값도 가장 싸고 살아가는 데 필요한 영양도 함유되어 있다.

예를 들면 일본에는 두부이고 미국에서는 햄버거이다. 수개월 전의 일인데 나는 60여 세 된 일본 승려를 만났다. 그는 동정(童貞)으로 60수년 동안을 고기나 생선을 먹은 적이 없다는 것이었다. 그런데 그의 단백질 원(源)은 두부와 깨라고 하니 두부는 세계에 자랑할 만한 영양의 덩어리라고 해도 좋을 것이다. 부자들이 먹는 복지리라든지 돔사시미 같은 것은 두부 앞에서는 족탈불급인 셈이다.

그러므로 세계 여행을 싸게 그리고 건강하게 체험하려고 한다면 공항에 도착해서 무엇보다도 먼저 그 나라에서 주로 먹는 음식이 무엇인지를 물어 보아야 한다. 그리고 그것을 먹으면 틀림없다.

동경의 백화점에서는 매년 '역 도시락 대회'를 개최하여 많은 손님을 모으고 있는데, 한걸음 더 나아가서 세계 각국에서 그 나

라의 국민들이 모두 먹고 있는 것을 모아 '세계 역 도시락 대
회'를 개최하면,

　일본만의 역 도시락 대회 이상으로 벌 수 있는 것은 틀림없다.

　미국의 역 도시락이라고 할 수 있는 햄버거가 그처럼 팔리고
있는 일본에 세계의 역 도시락을 들여오면 얼마나 벌게 될지 모
른다.

　햄버거 → 역 도시락 대회 → 세계의 역 도시락 대회…… 그것
이 돈을 벌기 위한 발상법인 것이다.

# 89

## 수상가(手相家)라도 50프로는 맞춘다

긴좌 같은 번화가에서 자주 볼 수 있는 것이 수상가이다. 이름난 수상가(手相家) 앞에는 젊은 여성들이 장사진을 이루며, 수상가는 볼때기살이 터질 듯하는 것을 억지로 누르고 일부러 심각한 것처럼 무언가를 중얼거리며, 복채를 많이 뜯어내고 있다.

그러한 수상가가 왜 그렇게 번성하는가 하면, 결국에 인생에는 '겉(表)과 안(裏)' 밖에 없기 때문이다. 그러므로 맞거나 말거나 '겉'이라든지 '안'이라든지 해버려도 50퍼센트는 맞는다는 것이다.

심각한 얼굴을 하고 있으나, 수상가의 마음속에는 이 손님에게는 겉이라고 해야 할 것인가 안이라고 해야 할 것인가 하는 그것만에 대하여 고민하는 것이다.

매우 낮은 차원에서만 사물을 생각하는 사람이라도 '겉이다' '겉이다' 하고 있으면 언젠가는 들어맞는다. 반대로 매우 고차원으로 사물을 생각하는 사람이 생각한 끝에 '안이다'라고 하더라도 빗나가는 수가 있는 것이다.

수상가는 복채 앞에서는 맞든지 안 맞든지 일단 '겉이다'라든지 '안이다'라고 한다. 그러므로 번성하는 것이다.

그것을 그대로 장사에 응용할 수 있다.

즉 고차원의 노, 앤서보다는, 낮은 차원이더라도 '예''아니오'는 분명하게 하는 편이 좋다는 것이다.

'생각해 보겠습니다.'

'적극적으로 생각하겠습니다.'

'되는 쪽으로 생각하겠습니다.'

'신중히 고려하여 대답하겠습니다.'

등과 같은 대사는 장사에서는 아무런 도움도 되지 않는다. 오히려 굴러들어온 돈 버는 이야기를 놓쳐버리는 결과가 된다고 할 수 있다.

그러한 대답을 하기보다는,

'해 봅시다.'

'틀렸습니다.'

'내일, 꼭 대답해 드리겠습니다.'

라는 편이 얼마나 장사에 도움이 되는지 모른다.

나쁜 여자에게 걸려들었을 때에도 어물어물 입 속에서 중얼거리고 있는 동안에 깊숙이 말려들어 버린다.

'좋아, 돈으로 변상해 주지.'

깨끗이 그렇게 말하면 그것으로 해결된다.

유대인은 절대 답변을 늦추지 않는다. 즉결, 즉결로써 부자에 가까워지고 있는 것이다.

'되는 쪽으로 생각하겠습니다.'

라는 것은 시간의 로스라는 것을 마음에 새겨둬야 하는 것이다.

# 잘못은 얼마든지 수정할 수 있다

나도 유대인을 본따 즉결을 취지로 삼고 있다. 그러기 위해서는 사원의 보고를 듣는 시간을 원칙으로 삼고, 1인 5분 이내로 정하고 있다. 그리고 그 장소에서 한가지 한가지 사연에 '예' '아니오' '예' '아니오'라고 대답하며 지시를 주었다.

그리고 사원은 꼭 2명씩 사장실에 들어오게 하여, 한 사람이 보고를 하고 그에게 내가 지시하는 동안, 다음 사원을 뒤에 기다리게 해 둔다. 다음 사원은 앞의 사원과 내가 하는 방법을 알고 있으므로, 저런 식으로 간결하게 보고하지 않으면 안 되는 것이구나 하고 판단하여 매우 요령있게 보고하게 된다.

나의 이와 같은 이야기를 듣고는 내가 일하는 모습을 꼭 보았으면 하는 사장님이 나타났다. 그리고 1시간쯤 나의 방에 와서 나의 즉결하는 모습을 견학하고는 그 후에 그는 나에게 이렇게 말했다.

"과연 훌륭하군요. 그러나 당신에게는 예, 아니오, 예, 아니오 하고 차례차례로 즉결해 가는데 순간적으로 당신의 판단이 모두가 옳다는 자신이 있습니까?"

의당 있을 수 있는 질문이다.

나는 자신의 즉결이 모두가 옳다고는 생각하지 않는다고 답했다.

개중에는 틀린 것도 있다. 그러나 틀린 것을 알면 그 시점에서 즉시 수정하면 되는 것이다.

일본의 사장이나 임원이란 사람들은 묘하게도 체면을 차려 틀렸다는 것을 알아도 좀체로 잘못을 인정하려 하지 않으며, 수정하려 하지도 않는다. 또한 그러기 때문에 잘못된 판단을 내리는 것을 겁내어 쉽게 즉결하려 하지 않는다.

잘못은 수정할 수 있는 거라고 생각한다면 즉결을 겁낼 필요는 전혀 없는 것이다. 개인의 체면에 사로잡혀 있다가는 돈벌이는 되지 않으며, 회사가 큰 손실을 입게 된다.

수정(修正)을 결코 부끄러워해서는 안 된다.

# 91

## 용기있는 자가 번다

나는 유대인으로부터 가끔,
"일본 사람은 용기를 알고 있습니까?"
라는 질문을 받는다.

용기란 자기가 이론적으로 옳다고 믿는 것은 어떠한 역경에 놓여져 있더라도 주장을 관철한다는 것이다. 일본 사람은 적당히 적당히이며 중간치인 것이다. 틀린 것을 수정하는 용기마저 없는 것으로 생각된다. 그러한 일본 사람을 보고 유대인이 일본 사람에게 용기가 있는가 하고 의문을 품는 것도 지극히 당연한 것이다.

장사꾼만이 아니다. 샐러리맨에 있어서도 이렇게 하면 회사를 위하는 일이다 하고 생각되는 일이 있어도 거의가 발언하지 않으려 한다. 일본 사람에게 용기가 있으면 일본의 회사들은 더욱 좋아질 것이다 하고 말하는 것은 유대인이 언제나 지적하는 점이다.

돈 버는 데는 용기가 필요하다. 용기있는 남자에게는 여자가 줄줄 줄을 잇다시피 참으로 용기있는 남자에게는 돈이 먼저 달라붙는다.

졸저 <유대인의 상법>에 대한 독자로부터의 상담 편지 속에,

'유력자(有力者)에의 연줄이 필요한데 어떻게 할까요?'

하는 내용의 것이 있었다.

유력자를 만나고 싶다면 용기를 내어 직접 찾아가 보아야 한다.

미리 약속을 하지 않는 한, 십중팔구 문전 거절을 당할는지 모르지만, 1퍼센트의 가능성이 있으면 찾아가 보아야 한다.

그러한 유력자는 부하의 아첨 섞인 진언에는 신물이 나는 것이다. 그리고 내일이라도 미친 듯한 새로운 아이디어의 소유자가 자기를 찾아 주기를 마음속으로 의외로 기대하고 있는 것이다.

유력자의 연줄을 대는 방법을 질문할 정도이면 당당하게 가슴을 펴고, 직접 부단히 그러한 용기를 길러야만 하는 것이다.

## 92

# 유니크한 아이디어를 낳는 머리

유니크한 발상은 굳어진 머리에선 생겨나지 않는다. 때로는 유머러스한 말 한마디라도 할 수 있는 그러한 유연한 뇌세포에서 생겨나는 것이다.

큐슈(九州)에 있는 나의 친구가 뮌헨 올림픽 관람차 단체로 가서 뮌헨의 호텔에서 투숙했을 때의 일이었다.

리더가 출발 전에 트렁크를 골마루에 내다 놓도록 말했기 때문에, 친구가 팬티 차림으로 골마루에 트렁크를 내다 놓았다. 그때 자기 방의 도어가 찰깍 하면서 잠겨버려 친구는 들어가지 못하게 되었다. 열쇠가 방 안에 있었기 때문에 열 수는 없었다.

친구는 프런트에 전화를 걸어달라고 부탁하기 위해, 같은 층의 다른 방을 돌면서 도어를 노크했다.

그런데 노크 소리를 듣고 도어를 반쯤 열어 본 손님은 골마루의 벌거벗은 남자가 서 있는 것을 보고는 황급히 도어를 닫아버렸다.

여보세요, 여보세요. 아무리 불러도 대답해 주지 않았다. 괴상한 모습을 한 친구를 보고는 아마도 '위험한 사람이야, 미친 사람일는지도 모른다'고 생각했던 것 같았다.

하는 수 없이 친구는 팬티만을 걸치고 로비로 내려갔다. 그런데 로비의 사람들은 친구를 보고 비난하기는커녕 이렇게 말했다고 한다.

"헤이, 미스터. 올림픽 마라톤의 결승점이 여긴가요?"

친구는 유연한 그들의 유머의 도움을 받아 프런트에서 마스터 키를 빌려서 위급함을 면했다는 것이었다.

그 마음의 여유, '여기가 올림픽의 결승점인가'라는 유머의 발상, 그것이 우리들에게 바라고 싶은 것이다.

일본에서는 굴뚝은 예전에 힘의 상징이었다. 그런데 지금에 와서는 공해의 상징이며 악마의 상징으로 되어 버렸다.

즉 회사는 이제부터 어떻게 굴뚝을 없애느냐 하는 것을 신중히 고려하지 않으면 안 되는 시대로 된 것이다.

──굴뚝을 하늘로 치솟게 해서는 안 되는 것이라면, 하다 못해 굴뚝을 옆으로 내는 방법은 없을까. 그렇게 생각하는 기업이 한 회사 정도 있어도 괜찮을 것이라고 나는 생각한다.

그러한 발상이 장차 점점 중요시될 것은 틀림없다.

# *93*

## 가난한 자는 술을 먹는다

일본 사람은 식전에나 식후에나 한 가지만을 알고 있는 바보처럼, 물탄 위스키(미스와리)만을 마신다.

술은 식전의 술과 식후의 술이 있다. 밥통이 비었을 때의 술과, 가득찼을 때에 마시는 술이 다른데, 공복(空腹)이건, 만복(滿復)이건 물탄 위스키만을 마시고 있다. 만복시에는 물탄 위스키 같은 건 마실 수 없는 것이다. 만복시에 물탄 위스키만을 마시는 일본 사람의 거칠은 신경은 야만적이라고 할 수밖에 없다. 일본 사람은 섬세한 신경을 가지고 있는 것 같으면서도 의외로 거칠은 데가 있다.

술은 여러 가지 술을 식사와 함께 즐김으로써 인생에 구색을 갖추어 주는 것이다. 일본 술인 마시무네(정종)를 마시더라도 식전에는 괴로운 입맛, 식후에는 달콤한 입맛에 변화를 줌으로써 윤택한 생활을 즐길 수 있는 심경에 이르는 것이 아닐까.

유대인들은 5천 년의 인지(人知)를 축적한 결과, 식후의 술은 프로즌 더큐리가 가장 좋다고 한다. 그런데 긴좌의 일류 바나 클럽에서도 그와 같은 프로즌 더큐리라는 칵테일을 모르는 데가 많기 때문에 어이가 없다. 열 집 돌아봐서 한 집 정도 만들 수 있다면 좋은 편이다.

내가 자주 가는 술집에서는 형상이 닮았다고 프로즌 더큐리를 물딸기라 부르고 있다.

'물딸기를 주시오.'라고 주문하면 다른 손님들이 이상하게 여겨 돌아보곤 한다.

물론 식전에는 식욕 증진제로서의 칵테일을 마신다. 식전의 술과 식후의 술 사이에는 틀림없이 식사가 끼어 있다.

그런데도 불구하고 일본 사람은 식욕 증진제(아베타이저)도 식후의 술도 구분을 짓지 않는다. 오후 7시부터 마시기 시작한 손님이 12시까지 마시고 있는 것은 이상하지가 않다. 물론 제때에 식사를 한 것은 아니지만 그것은 술을 '마신다'는 것이 아니고 술을 '먹고 있다'고 해석하지 않을 수 없다.

식사 대신 술을 먹고 있는 것 같은 일본 사람들의 술 마시는 법을 보면, 나는 역시 가난하구나 하고 생각하지 않을 수 없다.

힘껏 벌어서 식전에는 식욕 증진제, 식사 중엔 와인, 식후에는 프로즌 더큐리를 마실 수 있는, 그와 같은 변화의 풍부한 술 마시는 법을 갖는 생활을 해 주었으면 하는 생각이다.

# 무위도식(無爲徒食)하지 마라

일본 사람들은 아침부터 상당히 많은 양의 식사를 취한다. 그에 비하면 미국 사람들의 아침 식사는 아침 식사라고 할 수 없을 정도로 적은 양을 들게 된다. 그러므로 점심 식사를 거른다는 것 등은 아예 무리인 것이다. 점심이나 저녁이나 꼭 든다.

여느 때 미국에서 온 유대인과 함께 아침 신칸센(新幹線)으로 동경에서 오사카까지 간 일이 있었다.

그 때, 나는 그 유대인과 함께 차내의 간이식당으로 커피를 마시러 갔는데, 그 유대인은 거기서 햄버거를 먹으면서 맥주를 마시고 있는 일본 사람을 보고는 눈을 돌렸다.

"저건 뭐요, 지금은 아침 9시요. 그런데 저 사람이 먹고 있는 것은 마치 저녁같지 않은가. 왜 저렇게 엉뚱한 짓을 하고 있어요. 그렇게까지 배고프지도 않을 것 같은데."

아마도 그 사람은 행락 기분으로 여유있게 아침부터 굉장한 식사를 하고 있었겠지만, 그런 것은 유대인이 이해하기 어려운 일인 것이다.

아침에는 아침, 점심때는 점심, 밤에는 저녁으로 명백하게 구분을 짓고 있는 그들에 비하여 일본 사람들은 술 마시는 법이나, 식사하는 법이나 한결같이 흐리멍텅한 인상이 강하다.

'배가 고프다'라고 하는 공복 상태에서도 일본 사람과 미국 사람은 상당히 다르다.

일본 사람이 배가 고프다라고 할 때는 점점 뭔가를 먹고 싶다는 상태로 2, 3시간 정도는 견딘다. 그러나 미국 사람이 배가 고프다라고 말할 때에는 배에서 꼬르륵 소리가 나며 곧 뭔가를 먹지 않으면 넘어질 것 같다고 하는 상태를 말한다.

넘어질 것 같다는 배고픈 상태도 아닌데 아침부터 햄버거에 맥주를 마신 건 엉뚱한 식사라고 하지 않을 수 없다.

# 95

# 홀리는 문구는 세계 공통이다

<유대인의 상법> 중에서 나는 '일본 사람이 빵과 고기인 햄버거를 앞으로 천년쯤 계속 먹는다면 일본 사람도 백색의 금발인간이 될 것이다. 나는 햄버거로써 일본 사람을 금발(황금색 머리카락)로 개조하는 것이다'라고 썼다.

그것은 소위, 나의 맥도날드와 맛씨름하는 의지라고 봐도 좋을 것이다.

그런데 앞서 일본에 온 맥도날드의 크록 회장으로부터 나는 그일로 말미암아 격찬을 받았던 것이다. 물론 <유대인의 상법>의 영어판은 나와 있지 않았으므로 크록 회장은 전문가에게 일부러 번역시켜 읽었을 것이다.

"당신의 선전은 실로 대단하군요. 맥도날드의 햄버거를 먹여서 일본 사람을 금발로 만든다고 하는 그 이야기를 들었을 때, 나는 항복이다라고 생각했어요. 무엇보다 맥도날드의 회장을 하고 있는 내가 햄버거를 먹으면 금발이 된다는 건 몰랐으니까 말이야. 그건 미국에서도 절대로 히트할 거야, 미국에는 금발이 되고파 좀이 쑤시는 친구들이 얼마든지 있으니까 말이요. 정말 쇼크를 받았으며 또한 감명했어요. 금발이 된다는 설에는 말이요.

맥도날드가 맛있다든지 싸다든지 하는 건 그렇게 되면 상관없어요. 맥도날드에는 시스템이 있다든지 노하우가 있다든지 하는 따위도 상관이 없어요. 맥도날드를 먹으면 금발이 된다. 그거야. 그게 홀리는 문구인 거요. 전략으로도 굉장히 좋아요. 그건 성공해요."

크록 회장은 흥분한 어조로 그렇게 말한 것이다. 나는 일본 국민에게 꿈을 갖게 하고 구미인에게도 손색이 없는 민족으로 개조하고 싶다는 뜻으로 말했으나, 크록 회장은 문자 그대로 그렇게 된다고 받아들인 것이다. 크록 회장뿐만 아니다. 사원에게 물어보아도 진정으로 일본인을 금발로 만들기 위해 들어온 것이다라고 말하는 사람이 적지 않은 것이다.

나는 금발(金髮) 운운이 그렇게 펀치가 센 것이라고는 생각하지 않았으나 어쩐지 홀리는 문구는 만국 공통(萬國共通)인 것 같다.

# 96

## 달러를 깔보면 상처를 입는다

1973년 현재의 엔과 달러의 교환 비율은 1달러에 265엔이었으나, 이건 약간 지나친 감이 짙다. 달러가 부당하게 저평가되고 있다. 이건 실세(實勢)에서 유리된 인공 시세라는 것을 보아서도 알 수 있다.

달러가 부당하게 낮은 그 비율에는 미국의 전략도 얽혀 있다고 생각한다. 그리고 그 전략은 성공하여 현재에는 굉장한 여세로 외화가 유출되고 있다. 이와 같은 상태가 계속되면 다음에 들이닥치는 것은 엔(円)의 절하인 것이다. 1년 정도 있으면 엔이 절하되는 것이 아닌가 하는 기분이 든다.

나는 1년에 몇 번쯤 미국에 가는데, 1달러＝265엔이 되고 난 후에는 미국의 것들이 싸졌다고 실제로 느낄 수 있었다.

엔이 아직도 쌌던 5, 6년 전까지는 미국에서 찾아오는 바이어가 일본 상품은 싸다면서 사 주었으나 바로 그 반대 현상이 미국에 가면 미국 물건이 싸게 느껴져 결국 사버리게 된다.

현재 달러는 너무 싸지만 이런 상태는 그리 오래도록 계속되지 않을 것이다. 그보다도 극단적인 반동(反動)이 일어나 달러고로 되는 것은 자명한 이치일 것이다.

# 97

## 세계 경제의 암

국제 경제에 크나큰 영향을 끼치고 있는 것으로 미국에서 유럽에 유출된 거액의 달러가 있다. 그것은 유러 달러라고 부르고 있는데, 서독의 마르크를 저격(狙擊)하여 서독으로 하여금 마르크를 절상하게끔 몰아세운 것도 그 유러 달러인 것이다.

바로 최근에까지 그 유러 달러의 정체는 불명이었다. 미국에서 유출된 거액의 달러의 향방은 아랍과 아프리카의 산유국이었던 것이다. 그러한 나라의 왕과 토후(土侯)들은 솟아나오는 석유를 구입하기 위해 유입되어 들어오는 달러의 사용처에 골몰하다가,

유럽의 금융 시장에서 이식, 차익 등의 이익금으로 돈을 벌기 시작했다. 그것이 유러 달러의 정체였던 것이다.

현재 유럽을 직격(直擊)하고 있는 유러 달러는 800억 달러(1986년)라고 말하고 있다. 그렇기 때문에 유러 달러가 국제 경제에 주는 영향은 크다.

같은 달러라고 하더라도 매년 땅에서 그저 솟아나는 원유를 팔아서 얻은 달러와 1억 일본 사람이 땀 흘려 개미같이 일해 번 달러를 함께 평가하여서는 안 되는 것이다.

그러나 현실로 보아서는 솟아난 달러가 되었건 피땀 흘려 번 달러가 되었건 그 가치는 전혀 다를 바 없는 것이다.

국제 통화 불안을 일소하기 위하여 각국의 대표들이 모여서 통화 조정을 하기도 하고, 고정시세(固定時勢)로 되돌리자고 하기도 하지만, 유러 달러 문제를 해결하지 않으면 어떤 방법을 쓰더라도 소용이 없다고 할 수 있다.

유러 달러 문제를 해결하는 데에는 산유국의 왕이나 토후들에게 힘껏 달러를 쓰게 하는 수밖에 도리가 없다.

일본의 경우, 외화가 들어오면 그 외화로써 물건을 만들거나 사거나 하여 유용하게 쓰지만, 그들은 그 달러로써 고리대금으로 돈을 벌 뿐, 일체 쓰려고 하지를 않는다. 그러기 때문에 달러가 산유국에 모일 수밖에 없는 것이다.

미국에서 석유가 솟아나오면 별문제이지만 가장 중요한 것은 미국은 석유를 채굴하려고 하지 않는다. 채굴하지 않는 것은 세계 전략을 겨냥하고 있기 때문인 것이다.

즉 미국은 외국의 석유를 먼저 써버리려는 생각이다. 다른 나라의 석유 자원이 고갈해버리면 미국의 석유를 비싸게 팔려는 것이다. 그건 몇십 년 후가 되는지 모르지만 그들은 거기까지 긴 안목으로 보고 있는 것이다

향후 30년 동안에 유러 달러는 증가 일로가 될 것이며, 그것이 세계경제(世界經濟)의 암이 될 것이다.

일본도 원유 대금의 결제 방법을 달러 이외의 방법으로 하도록 강구해야 할 것이다. 일본 상품을 사게 한다든지, 기술 원조를 한다든지, 무언가를 생각하지 않으면 안 되는 시기에 와 있다.

사실 그들도 태환성(兌換性)이 없어진 달러는 불필요하므로

금괴를 달라고 말하기 시작한다. 금괴는 무리라고 하더라도 그에 대체되는 것이 꼭 있을 것이다.

그리고 다음으로 큰 문제는 달러를 과다 보유한 아랍 산유국들이 달러 대신 석유를 무기화하여, 즉 세계 시장의 열쇠로서 석유 수출을 조정하기 시작하면 번영을 구가하는 일본 경제는 순식간에 대혼란에 빠지고 말 것이다.

그러나 만일 그러한 사태가 되더라도 당황할 것은 없다. 태양이 동쪽에서 떠서 서쪽으로 지는 것은 변함이 없기 때문이다.

# 98

## 적당한 소비는 오히려 필요한 것이다

중근동(中近東)과 아랍, 아프리카 산유국이 흘러 들어오는 달러를 쓰지 않는 것은 문화 수준이 낮은 증거임에 틀림없다.

문화 생활이 고급화되면 필연코 소비(消備)가 뒤따르게 마련이다.

즉 적당한 소비는 고급 문화 생활을 유지하기 위해서는 절대 필요하다고 할 수 있다.

일본 사람들의 사물에 대한 사고방식은 시계의 추(振子)마냥 진폭이 크다. 예를 들어 '소비는 미덕이다'라는 생각이 어느 날 비판을 받았다고 하면 갑자기 쩨쩨해지는 것이다. 그리고는 소비를 원수처럼 탄핵한다. 쓸데없는 소비만을 경계하면 되는 것인데 필요한 소비까지도 적대시하는 것이다.

그것은 엉뚱한 짓이라고 하지 않을 수 없다. 일본에는 무언가가 있으면 곧바로 저질이고 안이한 세론(世論)이 생겨나, 그것이 사회를 크게 뒤흔드는 경향이 있다.

즉 생각이 팸플릿적이어서 밑바닥이 얕고, 깊이 생각하려 하지 않는다. 주간지 문화(週刊誌文化)라고도 하지만, 얕은 지식밖에 없는 주간지의 독(毒)에 젖어 있다고 해도 좋을 것이다. 그런 것들은 모두가 개인 개인이 확고하게 넘어가지 않는다는 판단력을 갖추고 있지 않기 때문이다.

신문에 어떻게 씌어 있건, 잡지에 어떻게 씌어 있건, 자기에게 자신이 있으면 그런 것에 넘어갈 리는 만무하다.

예를 들면 최근에 끊임없이 말하고 있는 '노 카 데이 운동(비참한 교통 사고와 배기 가스 오염 등, 흐트러진 차 사회를 반성하여 1일 자동차를 사용하지 말자는 운동)'이었다. 그것은 시대 역행이 우심한 운동이라 하지 않을 수 없다.

오늘날 고도로 발달한 문명은 차(車)에 부하되는 데가 극히 크다. 그런데 공해 문제가 나오면 곧바로 '노 카 데이'를 외친다.

발상도 빈곤하고, 실로 빈곤한 나라라고 하지 않을 수가 없다.

'노 카 데이'라고 외치기 전에 왜 무공해차의 조급한 개발을 외치고, 더욱 도로를 확충하라고 외치지 않는지 모르겠다.

유대인은 절대 물건을 허술하게 하지 않는다. 그러나 그렇다고 해서 쩨쩨하지도 않다. 합리적인 것에는 아낌없이 쓴다.

크게 자원이 있는 나라도 아닌 일본에 남겨진 것이라고는 국민 한사람 한사람이 가지고 있는 '지혜'뿐인 것이다.

낮잠을 자고 있더라도 석유가 솟아나는 나라가 좋은 나라가 아닌 이상, 어떻게 해서라도 인간의 지혜만으로써 살아가지 않으면 안 된다. 그런데 그러기 위해서는 너무나 지혜가 없는 것이다.

발상이 너무 빈곤하다. 시대에 역행하는 발상밖에 나오지 않는다면 전보다 돈벌이도 불안하다.

## 99

# 토론은 최선의 방법을 찾기 위한 것이다

나는 맥도날드의 경영 방법 등에 대해, 미국 맥도날드의 간부들과 종종 토론을 하고 있다. 그럴 때에 나는 자기의 의견을 최선의 방법이라고 밀어붙이지도 않았고 미국측의 의견을 최선의 것이라고 받아들이지도 않는다.

최선의 길이라고 하는 것은 쌍방의 의견과 다른 데 있는 것이 아닌가 하는 것이 나의 사고방식이다. 토론은 그 최선의 길을 찾아 내기 위하여 이루어져야 한다고 나는 믿고 있다. 토론을 되풀이하여 최선의 길을 탐색하며 그것을 찾아낸다. 거기에 기업의 번영이 있는 것이다. 그런데 일본 사람들은 토론이 실로 서툴기 짝이 없다. 자기 의견만이 옳다고 주장하고 양보하지 않거나 혹은 양자 사이에 역학관계(力學關係)가 있는 경우에는, 아랫사람이 낸 의견은 아무리 좋은 의견이라도 시시한 것이 되고, 윗사람이 낸 의견은 신의 고시처럼 밀어붙인다. 최선의 길을 찾아내기 위해 토론을 하고 있다는 기본적인 것을 처음부터 무시하고 있다. 아니 오히려 모르고 토론하고 있다고 해도 좋을 것이다.

그리고 결과 의견이 대립되거나 하면 일은 고사하고 개인적인 감정으로까지 치달아 상대편에 대한 증오감마저 갖게 되며, 밤 길에 등뒤에서 불시에 내리치거나 야구방망이로써 후려쳐 죽이 기도 한다.

토론은 어디까지나 돈을 벌기 위한 최선의 길을 찾아내기 위 한 '일'이므로 개인적인 감정까지 집어넣는 것은 어리석은 짓이 라 할 수 있다.

유대인들은 업무상 아무리 격론을 주고 받으면서 토론하더라 도 업무가 끝나면, 언제 그랬느냐 하는 식으로 씻어버린다. 우리 가 본받아야 할 점인 것이다.

진폭이 큰 사고방식과 업무와 개인 감정을 구별짓지 못하는 토론이 국제적으로 통용되지 않는 일본 특유의 것이다.

# 좋은 습관마저 버릴 필요는 없다

유대인은 옛날부터 좋은 것은 5천 년 후의 오늘날까지도 정확히 계승하여 그것을 지키고 있다.

그러나 일본 사람은 나쁜 것을 버리면서 좋은 것까지도 버려 곧바로 아무것도 없는 그대로가 된다.

일례를 들면 1년의 월(月)을 부를 때 1, 2, 3,……에 '1월' '2월' '3월'……로 특색없는 호칭을 붙이고 있는 것은 일본뿐이다. 영어에서도 그러한 호칭은 없다. '재뉴어리' '페브러리' '마아치'…… 등인 것이다.

옛날에는 일본에도 아름다운 호칭이 있었다. 정서가 풍부한 호칭들이었다.

그런데 그와 같은 아름다운 호칭을 깨끗이 버리고 말았다. '1월' '2월'…… 이편이 간단하다는 이유에서이다.

일본 사람은 그런 점에서도 알 수 있듯이 극히 단순한 민족인 것이다. 세계의 상인들 속에 끼어 있으면서 힘껏 벌려고 생각한다면 더욱 복잡하고 노회(老獪=경험이 많아 교활함)하며 어떤 시련을 겪더라도 꼿꼿한 인간이 나오지 않으면 안 된다. 단순하고, 쉽게 생각하는 사고방식으로는 벌 수 없다.

　장사에는 나무와 철(鐵)을 납땜으로 붙이지 않으면 안 되는 일이 얼마든지 있다. 단순한 생각만으로는 납땜으로 나무와 철을 붙일 수 없는 것이다.

　그러나 납땜을 본드라고 하는 강력 접착제로 바꾸면 나무와 철을 붙이는 일도 결코 불가능하지는 않다.

　장사에도 납땜을 강력 접착제와 대체하는 것과 같은 발상(發想)의 전환이 요구되어지고 있다. 인간의 지혜는 무한정인 것이다. 그 지혜에 국제 감각을 융합시켜 그것을 종횡으로 구사하여 크게 벌어야 할 것이다.

　하늘을 나는 원판인 UFO는 일설에 의하면, 미래인(未來人)이 타임 머신에 타고 과거의 구경에 나서고 있는 것이라고 한다.

　만약 그렇다면 나는 어떤 방법을 사용해서라도 그 미래인을 생포하여 23세기에는 무엇이 벌이가 되고 있는가를 물어 보고 내일부터 그 장사를 개시하고 싶다.

■ 쩨쩨하면 남자의 가치를 떨어뜨린다

이런 이야기가 있다.

야마다 이치로 군이 양자(養子)로 들어갔다. 그러자 이름이 스즈키이치로로 바뀌어 버렸다. 야마다 군은 드디어 성명 콤플렉스에 걸렸었으나 그러는 동안에 완전히 순화되어버려 옛날과 같은 쾌활한 사람으로 되었다.

그 이유는 그렇기도 할 것이 모두들 '스즈키, 스즈키'라고 불러 준다.

아침에 커피를 마시러 가건, 회사로부터 지시를 받건, 이제까지와 조금도 태도면이나 포스트도 바뀌지 않은 것이다.

바뀌고 있었다면 스즈키라는 익숙해지지 않은 이름뿐이었다. 그것도 익숙해지면서 완전히 원래의 이치로 군으로 되돌아가 버렸던 것이다.

또 한 가지의 예를 들만한 이야기가 있다.

하니다 지로 군은 성실한 남자였으나, 돈을 지나치게 모아서 만날 수 없게 되었다.

"100만 엔이나 모았으면서 그 자식 아예 술집엔 발을 끊고, 쩨

쩨하게 놀고 있어. 더 이상 그 자식과 만나는 것은 포기해 버려
야 해. 남자답지 못하게."

　이제까지의 사나이, 하니다 지로 군, 완전히 남자로서의 위신
을 떨어뜨리고 말았다. 그리고 친구들에게도 눈에 나서 고독하
게 살고 있다.

## ■ 데노미는 양자·인연과 마찬가지다

　전자가 데노미이며, 후자가 절하(切下)이다.

　데노미는 요컨대 양자(養子)라고 생각하면 되는 것이다. 적
(籍)이 바뀌고, 성씨가 바뀌어도 그 사람의 값어치는 조금도 바
뀌지 않는다. 이전과 마찬가지이다. 부르는 성(性)이 야마다(山
田)에서 스즈키(鈴木)로 달라졌어도, 본인의 값어치는 마찬가지
이며, 친가들도 옛날과 다름없이 만나 주는 것이다.

　그런데 값어치가 떨어진 사람은 처치 곤란이다. 세계 각국의
친구들로부터 멀어지고 바보 취급을 당하고 만다. 돈을 많이 내
지 않으면 만나 주지도 않는 것이다. 그것이 통화의 절하라는 자
이다.

　절상(切上)이 되면 반대로 사람도 격상되어 옆에서 거북하게
여기게 된다. 적은 돈을 내고 대단한 얼굴을 하고 있으므로 '저
사람 잘난 체하는구나' 하고 멀리하게 되는 것이다.

　어떻게 되건 골치 아픈 일이다.

## ■ 허튼 소문을 퍼뜨려 데노미 주(株)로 번다

　그처럼 간단하면서 그처럼 떠들썩한 것은 없다. 그것이 데노
미네이션인 것이다.

데노미와 폭풍은 잊어버릴 만하면 찾아온다고 말한다. 데노미를 퍼뜨리는 것은 증권 회사와 신문 기자라는 이야기도 있다. 지금의 일본 경제를 잘 알고 있는 사람은 데노미가 될 체질이 아니라는 것을 잘 알고 있다.

그런데도 불구하고 데노미가 문제가 되는 것은 경제 기자나 국회의원이 생각난 듯 재무장관이나 한국은행 총재로부터 데노미를 듣는다. 그들은 물으면 부정적으로 대답한다.

그것을 부정하는 건지 긍정하는 건지 모르게끔 보도를 하여 지금도 데노미가 임박했다고 추켜댄다. 그렇기 때문이라는 것이 한 가지이다.

또한 그에 편승하여 데노미 관련주(關連株)로써 한탕 벌려고 하는 증권 회사의 근성이 화제를 증폭시켜 슬그머니 벌고 있다.

실로 괘씸한 이야기 아닌가.

손해를 보는 측은 지나치게 편승한 일반 대중이라고 할 수 있는데, 그것은 마치 등산에서 조난당하는 것과 마찬가지라서 무방비로 올라간 사람이 나쁜 것이라고 할 수 있다.

### ■ 단순히 부르는 성명이 바뀔 뿐

데노미라는 것은 단순히 돈의 호칭을 바꾸는 것뿐이다. 예를 들면 지금의 1만 엔을 100분의 1의 신 100엔이라고 한다. 1천 엔은 신 10엔이 되며, 100엔은 신 1엔이 된다. 극단적으로 말하면 엔을 옛날처럼 량, 푼과 같이 바꾸어도 되는 것이다.

그러므로 주식이건 채권이건 모든 계산이 그것일 것이다. 즉 지금까지 모두가 야마다 군으로 부르고 있던 것을 스즈키 군으로 바꾸어 부르는 것과 마찬가지다. 그 물건의 값어치는 조금도 바뀌지 않은 것이다.

100엔짜리 무가 가령 '신 1엔'으로 된다. 모두들 100분의 1이 된 덕분에 동전으로 사러 온다. 잡화상이 번다고 하더라도 '신 엔(新円)'으로 계산한다. 100엔일 때와 마찬가지가 아닌가.

1만 엔의 채권이 신 100엔이 되어 버린다. 모든 것이 마찬가지 이다. 왜 한 사람, 두 사람이 소란을 피울 필요가 있을까. 호칭이 바뀌는 것뿐인데 말이다.

## ■ 데노미와 절하(切下)는 큰 차이다

막상 절상(切上), 절하가 되면 그렇게 되지를 않는다. 먼저 절 상인 것이다.

라이터 1개를 미국에서 사는데 1달러라고 하자. 엔으로 바꾸면 280엔 내야 살 수 있다. 엔이 값어치가 있기 때문에 10퍼센트 절상 한다고 하자. 28엔을 빼면 252엔 내면 되는 것이다. 싼 것이다.

그만큼 달러에 대해 엔(円)의 가치가 높아졌으므로 적게 내더 라도 물건을 살 수 있다. 강한 것은 싼 것이다.

반대로 경제가 약하고 그 여파로 통화인 엔이 약하다고 하자. 어쩌고저쩌고 분쟁하고 있는 동안에 엔이 10퍼센트 절하되었다 고 하자. 28엔 더 내고, 308엔을 내지 않으면 라이터를 살 수 없 다는 셈이 되어 버린다.

강한 통화(절상된 통화)는 적게 내고, 약한 통화(절하된 통화) 는 더 낸다──그렇게 생각하면 된다. 그거야말로 물건을 사는 가치가 분명히 다르다. 데노미와는 전혀 다르다는 사실을 잘 알 수 있을 것이다.

■ 데노미는 간단히 안 된다.

데노미가 그리 간단히 안 되는 이유가 있다.

오늘처럼 인플레 경향이 강하고, 물가에 대한 불안이 있으면 심리적으로도 답례의 호칭 등이 바꾸어지지 않는다. 또한 현실론적으로 자동판매기가 역에서 거리에까지 보급되고, 맘모스 전표류가 컴퓨터로써 처리된다고 하면, 아무리 해도 솔직히 부르는 이름 따위는 바꿀 수 없다는 것이 일반론이다.

데노미에는 최저 2년 동안의 준비 기간(公表後)이 있어야 된다는 것은 그 때문이다. 그와 같이 다각화된 세상에서 과연 옛날 그대로의 관념인 2년으로 통용될 것인지 아닌지는 의문인 것이다.

데노미는 단순히 국내적인 문제이나 절상, 절하는 국제적인 요인에 좌우된다.

한 나라의 경제력, 무역력에 미치는 것이다. 데노미는 그러한 점에서 국내의 생활 거래 단위가 바뀌어 프로세스에 약간의 혼란이 예상된다는 단순한 것이다. 그 단순한 것을 국제적인 대사건인 절상, 절하와 혼동해서는 안 되는 것이다.

데노미라는 것은 앞서도 말했듯이 지금과 같은 인플레 아래에서는 절대로 있을 수 없다. 그건 물가고에 불만을 갖고 있는 서민들의 심리에도 영향을 끼치며, 또한 그와 같은 물가고 도중에 하게 되면, 그것을 역이용하여 물가가 오를 염려가 있기 때문이다.

■ '엔(円)'의 과시는 넌센스

그보다 무엇보다도 극히 모순되는 것이 한 가지 있다.

데노미는 말하자면 통화 호칭을 쉽게 하는 일종의 과시이기도 하다.

즉 지금 선진국에서는 3자리 통화 호칭은 일본과 이탈리아뿐이라고 흔히들 말하고 있으나 그것을 2자리로 하여 시원하게 하고 싶은 생각도 있는 것이다.

어리석은 짓이다. 왜 그럴까.

요컨대 통화력을 과시하려면 경제력의 뒷받침을 수반한 엔의 절상으로 충분하다. 지금 우리 나라는 그것을 강요당하여 절상으로 몰려 왔다. 360엔이 되고, 또한 변동 시세로 260엔대로 고정되고 있는 감이 있다. (1989년 현재는 130엔대)

그것은 즉 엔의 가치의 상승을 뜻하는 것이다. 더 이상 데노미로써 과시할 필요가 대체 어디에 있겠는가.

지금이라도 정부 당국이 데노미를 단행하려고 암중모색중이라고 보는 것은 잘못이다. 그러한 용기가 있지 않다. 그것이 있다면 우선 당면한 인플레를 배제하고 일정한 경제 정세를 구축한 다음의 이야기가 될 것이다.

성명과 가치, 그 양자(兩者)를 확실히 구분하지 않으면 넘쳐흐르는 정보에 독침(毒浸)당한다.

# 제 7 장

# 긴좌의 유대인의 돌격 신호

# 실행력이 수반되지 않는 아이디어는
# 쓰레기에 불과하다

　세상에는 아이디어맨이라고 불리는 사람은 많다. 그런데 문제
는 그 아이디어를 실행하고 있는가 아닌가 하는 것이다. 아이디
어는 내놓지만 실천하는 방법을 모른다. 그래서 결국 그 아이디
어를 살리지 못하고 그대로 끝나버리는 그런 경우도 종종 있다.
그래가지고는 아무것도 안 된다.

　그 반대로 다소 진부한 아이디어일지라도 실천해 가면 성공할
가능성은 많다.

　'그 바보가 잘도 성공했구나.'
라는 말을 듣는 인물은 아이디어는 없더라도 실천력이 풍부한
사람인 경우이다.

　그래서 멋있는 아이디어와 멋있는 실행력이 있으면 100퍼센트
성공한다.

## 붙임성있는 사람과 만나라

나폴레옹은 외교관을 채용할 때 머리가 좋다든지 집안이 좋다든지 하는 것은 문제로 삼지 않았다. 그가 채용한 것은 운(運)이 좋은 사람, 붙임성이 있는 사람이다.

붙임성이 좋다는 것은 그 사람이 나아가는 방향에 모든 것이 플러스가 되게끔 되어 있다는 것이다. 그것은 그 사람이 가지고 있는 인덕(人德)이 그렇게 하게 했는지도 모르며, 혹은 가지고 태어난 것인지도 모른다.

나는 내 자신을 특별히 귀찮게 달라붙는 사람이라고는 생각하지 않지만 불가사의한 것은 나와 만나서 손해 본 사람은 없다는 것이다.

모두들 일이 잘 된다. 그렇다면 역시 나는 붙임성을 가지고 있는 사람인지도 모른다.

그리고 나는 귀찮을 정도로 만나는 사람마다 장사를 하려면 약속을 지켜라. 계약서를 만들어라. 밥 먹을 때에는 일에 대한 이야기를 하지 말라. 유대인과 만나서 배운 교훈(敎訓)을 되풀이 되풀이 내뱉는 것이다. 그렇게 하면 귀찮은 놈이구나 하고 생각

하면서도 차차 그것을 지키게끔 되었으며, 정신이 들었을 때에
는 순조로운 파도를 타고 있었다고 할 수 있다.

붙임성이 없는 사람과 만나는 것보다는 붙임성이 있는 사람과
만나는 편이 좋다는 것은 말할 것도 없다.

# 103

## 공덕심보다 욕망에 하소연하라

쓰레기 처리와 관련하여 최근에 들어 갑자기 시끄러웠던 것이 산업 폐기물의 문제이다. 그 중에서도 여기저기에서 눈에 띄는 빈 깡통이다. 청량 음료수에서 맥주, 술에 이르기까지 행락지에는 물론인 것처럼 아무데나 뒹굴고 있다.

여러분, 빈 깡통이 왜 버려져 있는지 아십니까? 그것은 쓸모가 없기 때문에 버려져 있는 것이며 만약 빈 깡통이 쓸모가 있다면 누구나 빈 깡통을 버리려고 하지 않을 것이다.

그러한 사실에 유념하면 빈 깡통 문제에 골머리를 썩일 일은 없게 된다.

다음과 같은 예가 있다. 어느 청량 음료 회사가,

'저희 회사 제품의 캡을 6개 보내 주면 모형 비행기를 보내 드리겠습니다.'

라고 선전을 했다. 그러자 캡을 넣은 봉투가 우체국에 쇄도하여 우체국의 자동 선별기에 캡이 속출하여 기계의 고장이 그치지를 않았다고 한다.

날을는지 안 날을는지도 모르는 싼 모형 비행기라도 거저 준

다고 하니 그와 같은 소란인 것이다. 만약 그것을 진짜 자동차로
했을 때에는 어떻게 될 것인가.

맥주 회사나 청량 음료수 회사가 돈을 내어서 멋진 차를 1년에
4, 5대씩 사서, 그 차의 사진을 컬러텔레비전으로 광고를 하고,

'무엇이든지 좋습니다. 빈 깡통 100개 가지고 오시는 분에게
는 그 차를 드리겠습니다. 단 추첨으로 1명에게.'
로 한다. 그러면 그곳에 뒹굴어 있던 빈 깡통이 내일 당장 없어
져 버린다. 모두들 앞을 다투어 빈 깡통 모으기에 분주하며, 지
정된 장소에 빈 깡통을 운반해 온다.

그 비용인데, 연간 5회 실시한다고 하고, 차가 5대에 500만 엔,
텔레비전의 스포트 광고료를 합쳐도 4천만 엔이 있으면 족하다.
4천만 엔으로 전국의 빈 깡통을 모을 수 있다면 제철업자에게
인도하면 오히려 벌이가 된다.

전국 각지에서 빈 깡통이 없어지고 행락지와 거리가 깨끗해지
며, 그 빈 깡통을 처분하면 돈벌이가 되고, 차가 당첨되면 행운
을 얻을 수도 있다. 그리고 불행히도 꿈이 깨진 사람들은 빈 깡
통으로 차를 가질 수 있게 될는지도 모른다는 꿈을 갖게 되므로
그것 역시 행복스러운 기분이 되지 않겠는가. 그와 같은 아이디
어로써 손해보는 사람은 한 사람도 없다는 셈이 된다.

특히 일본 사람들은 사행심(射幸心)이 강하므로 필연코 빈 깡
통으로 당첨되는 자동차에 정신이 모아질 것이다.

많은 돈을 걸어야 하는 경마(競馬)에 비하면 그것은 밑천이
들지 않는 것이다. 사람은 인색하므로 필연코 눈을 벌겋게 하면
서 달려들 것이다.

그런데 현재 하고 있는 빈 깡통 대책을 말하면 거리에 포스터

나 붙이고,

'빈 깡통을 쓰레기통에' 하고 공덕심에 호소하는 작전을 전개하고 있는 데 불과하다. 나에게 대책을 말하라고 한다면 공덕심에 호소하더라도 그리 효과가 없다. 그보다도,

'당신은 산업 폐기물 일소에 협력했으므로 자동차가 당첨되는 찬스를 드리겠습니다.'

하고 스트레이트로 인간의 욕망에 호소하는 편이 훨씬 효과가 크다.

첫째, 빈 깡통이 쓰레기통에 전부 투입되면, 쓰레기통은 순식간에 가득차 버린다. 더욱이 그것을 운반하는 사람은 속이 비어 있으므로 마치 공기를 운반하는 것과 같은 것이다. 공기를 운반해서는 벌이가 되지 않기 때문에 회수를 기피하게 되어, 쓰레기통은 순식간에 빈 깡통으로 넘쳐 수습이 곤란하게 되어버린다.

그보다도 '빈 깡통 100 개로 자동차를 드립니다.'라고 하는 편이 몇 배의 효과를 가져온다.

만약 맥주 회사나 청량 음료수 회사가 이 제안한 방법을 취하여, 진지하게 빈 깡통 문제에 달려든다면, 그 때는 불초 후지다덴 상품으로 5캐럿의 다이다몬드를 기부해도 좋다. 다이아몬드를 걸어놓으면 남자들 뿐만 아니라, 여자들까지도 눈이 휘둥그래져 빈 깡통 퇴치에 협력할 것이다.

# 104

# 백 년 걸려서 담배를 구축하자

　맥도날드 햄버거를 먹으러 오는 손님 중에,

　"성냥 없습니까?"

하고 요구하는 일이 많다. 개중에는,

　"맥주 좀 주세요."

라는 사람도 있다.

　나는 나의 신념에 따라 성냥도 맥주도 갖추어 놓지 않고 있다.

　나 자신도 담배를 피운다. 그러나 자신의 담배 피는 습관을 내심으로는 나쁜 습관이라고 생각하며 항상 담배를 끊어야겠다고 생각하고 있다. 그런데 니코틴에 침식당한 나의 몸이 도저히 나에게 금연을 허락해 주지 않는 것이다.

　내가 점포에 성냥을 준비하지 않는 것도 그와 같은 담배 피는 악습을 조장하고 싶지 않다고 하는 얄팍한 선의(善意)인 것이다. 성냥을 달라고 했다가 거절당하면 몇 분 동안 그 사람은 담배에서 멀어지게 될 것이다. 나는 그러한 선의를 언젠가는 알아주는 날이 온다고 믿고 있다.

　술을 갖춰두지 않는 것도 같은 이유에서이다. 그리고 술에 취해 점두에서 어쩌구저쩌구 하게 되면 틀림없이 장사가 안 될 것이기 때문이다.

나는 국가에서 전매공사를 만들어 건강에 해로운 담배를 판다는 것은 틀렸다고 생각한다. 오히려 '담배 추방 공사'를 만들어 담배를 피지 않도록 하는 정책을 펴야 할 것이다.

이상하게도 담배가 해롭다는 것을 알고 있으면서 복지 국가라고 불리우는 선진국을 포함하여 국민에게 담배를 끊도록 정책을 펴고 있는 나라는 하나도 없다. 일본이 진실로 복지국가를 겨냥하고 있다면 당장 내일부터라도 담배를 끊게 하는 정책을 세계에 솔선해서 해야 할 것이다.

국민에게 담배를 끊게 하는 정책은 무엇보다도 1년이나 2년에 결론을 내릴 필요는 없다. 백 년 걸려서라면 꼭 성취할 수 있을 것이다.

즉 금년에 0살이 되는 아기는 영구히 담배를 살 권리가 없다고 정해버리는 것이다. 그리고 담배갑에는 '백 년 후에는 담배를 팔지 않습니다.'라고 명기한다. 백 년 있으면 잎담배 재배업자들의 전업(轉業)도 천천히 지도할 수 있는 것이다.

마땅히 정치는 국민에게 급격한 쇼크를 주는 일을 일부러 피하지 않으면 안 된다. 백 년 계획으로 하면 국민에게 담배를 끊게 하는 것 같은 어려운 정책마저 가능한 것이다.

# 나무젓가락은 폐지하라

일본에서는 목재가 부족하여 수입하고 있는 것이 현상인 것이다.

그와 같이 목재가 부족한 나라이면서 왜 일본 사람들은 나무성냥이나 나무젓가락을 사용하는 것일까. 외국에서는 성냥이라면 종이성냥이 상식이다. 한 번 쓰고 버리는 나무젓가락 같은 것은 물론 없겠지만, 몇 번이고 영구히 사용할 수 있는 나이프와 포크가 있다.

한번 쪼개 쓰고 그냥 버리는 나무젓가락은 일종의 처녀 숭배 사상이다. 시대에 뒤떨어진 사상이기도 하고 무의미한 것이다. 귀중한 국가 재산을 한 번 쓰고 그대로 버린다는 것은 무엇 때문일까? 묻고 싶다.

내가 총리 대신이라면 국민들에게 나무젓가락은 쓰지 못하게 할 것이다. 옛날의 무사(武士)가 허리에 칼을 차고 다녔듯이, 깨끗한 케이스에 넣은 젓가락을 허리에 차고 다니게 할 것이다.

전국의 레스토랑, 모밀국수집, 식당에서 폐기물로서 나오는 나무젓가락의 양은 대단한 것이다. 그것은 굉장한 낭비이다. 낭비를 줄이지 않으면 국민 경제는 향상되지 않는다.

손으로 쥐고 먹는 햄버거는 그런 점에서 합리적인 것이다.

# 106

## 정체되어 달릴 수 없는
## 고속 도로는 계약 위반이다

　동경의 수도 고속 도로만큼 조잡한 것은 없다. 나의 자택은 세
다야구에 있는데 세다야구의 세다에서 긴좌까지 순조롭게 달리
면 꼭 16분이 걸리는데 정체되면 1시간 걸린다. 아예 달릴 수가
없으니 말이 안 된다. 그렇게 되면 고속 도로가 아니고, 저속 도
로인 것이다.

　그런데 '고속 도로이지만 정체로 인하여 달릴 수가 없습니
다.'라고 입구에 '거절 표시'를 해 두었다면 몰라도 달릴 수 없
는 상태인데도 당당하게 '고속 도로'의 표시가 걸려 있으니 낯
뜨거운 일이 아닌가.

　이쪽에서는 빨리 목적지에 도착하려고 일부러 요금을 지불하
고 고속 도로에 들어간 것이다. 즉 요금을 지불하면 고속으로 목
적지에 도착할 수 있다는 계약을 수도 고속 도로 공단과의 사이
에 체결한 것과 마찬가지이다.

　그 도로가 고속으로 달릴 수 없다면 그것은 분명한 계약 위반
인 것이다. 도로 공단은 출구에서 계약 위반에 대해 정중하게 사
과를 하고 요금을 배로 반환해야 당연한 것이다.

국철에서도 신칸센 같으면 1시간 이상, 기타 특급과 급행 열차는 2시간 이상 늦었을 경우에는 특급권과 급행권을 되돌려 준다. 정체는 당연한 것이란 얼굴을 하면서 되돌려 주지 않는 것은 실로 어처구니없다고 생각한다.

수도권 고속 도로가 고속으로 달릴 수 없는 것은 현저하게 이용 차량의 댓수가 증가한 탓도 있겠지만, 그것은 설계 단계에서 차량의 증가를 예측하지 못한 공단측의 실패인 것이다.

시대 스피드를 정확히 예측하여 편도 4차선, 4개층의 고속 도로를 건설해 두었으면 달릴 수 없다는 고속 도로라는 추태를 부리지 않아도 좋았을 것이다.

정체의 또 하나의 원인은 요금소에 있다. 일일이 차를 요금소에 세워서 요금을 정산하기 때문에 품이 드는 것이다.

수도 고속 도로 공단측이 조금이라도 정체를 해소시키려는 생각이 있다면 요금을 매번 징수하는 것이 아니고 정기권제로 하여 부착물을 프런트 글래스에 붙인 차는 통행하게끔 하면 된다. 그 부착물을 읽는 것은 정년 퇴직한 공무원에게 시키는 것이 아니라, 전자 장치가 된 기계로 하여금 하게 한다. 그러한 조치는 물론 달군 돌에 물을 끼얹는 격이 될는지는 모르나, 하지 않는 것보다는 어느 정도 정체 해소에 도움이 된다고 생각한다.

더욱 과학을 응용하여 유효하게 고속 도로를 이용할 수 있게 해줬으면 좋겠다.

# 데노미네이션을 어떻게 겨냥할 것인가

가까운 장래에 일본에는 필히 데노미네이션(화폐 단위의 절하)을 할 것이다. 그리고 그 데노미네이션이야말로 크게 벌 수 있는 찬스라고 할 수 있다.

알다시피 데노미네이션은 통화의 단위가 절하(切下)되는 것으로서, 예상되고 있는 일본의 데노미네이션은 엔(円)이 100분의 1로 절하되어 오늘의 100엔이 1엔으로, 천 엔이 10엔으로 된다는 것이다.

그런데 단순히 100분의 1로 표시가 비뀌는데 불과하다고 보면, 일견 간단한 것같이 생각되지만 과거에 데노미네이션을 시행한 나라의 예를 보면, 거기에는 굉장한 언밸런스가 생기고 있었다.

즉 천 엔이 그대로 10엔으로 되는 것이 아니고, 9엔이 되기도 하고, 11엔이 되기도 한 것이다. 그와 같은 복잡한 변동은 데노미네이션이 초래하는 값이 싸진다고 느끼기 때문에 일어난다.

그러면 데노미네이션이 되었을 때에 어떻게 하면 벌이가 되는가. 그것은 매우 간단하다. 자기의 돈만을 100분의 1이 되지 않

게끔 하는 방법을 생각해 내면 된다. 100엔이 100엔 그대로 통용
된다면, 더 말할 것 없이 100배의 벌이가 되는 것이다.

나는 우선 미국에 있는 논어포프리에이트 이슈어랜스라는 회
사에 그 이야기를 해 보았다.

논어포프리에이트 인슈어랜스란 보험에 부적당한 대상에게
보험에 들도록 하는 일종의 해적보험인 것이다. 그러므로 보험
업무를 수행하기 위하여 사병(私兵)도 거느리고 있다.

예컨대 혁명 등으로 국내가 소란 상태에 빠져 있는 국가에
100만 달러의 물건을 안전하게 전달하고자 할 때, 물건의 10퍼
센트에 해당되는 10만 달러의 보험료를 지불하고, 그 회사에 우
송을 의뢰하면 사병들로 하여금 지키게 하여서라도 물건을 목적
지에 도착하게끔 보장하는 일을 맡고 있다.

보험의 대상이 되지 않는 것을 대상으로 했기 때문에 당연히
데노미네이션도 대상에 들 것이다. 그래서 나는 그 회사에,

"지금 100만 달러를 맡기고 보험료를 지불하면, 만약 반 년 후
에 데노미네이션이 시행되었을 경우에, 100분의 1이 아니고, 원
래의 100만 달러를 되받을 수 있는 보험에 들고 싶다."
고 이야기를 걸어보았다.

그런데 역시 그들도 나의 제의에는 고개를 저었다.

'노.'
라고 하는 것이었다. 그러나 절대 안 된다고는 하지 않았다. 조
건이 붙어 있었다.

"반 년은 안 된다. 아주 단기간이면 할 수 있다."

"아주 단기간이란 몇 개월인가?"

"3개월 이내라면 해도 괜찮다. 그 이상은 안 된다."

라고 말했다. 3개월이면 내 계산으로는 별볼일이 없다. 그래서 그 이야기는 없었던 것으로 해버렸으나 그렇다면 100엔을 100엔으로 통용시키는 방법이 없겠는가 하고 물으면 없는 것이 아니고 모르는 것이다.

예를 들면 노일 전쟁, 동경 대지진 전후에 일본 정부가 발행한 외채(外債)를 겨냥한다는 방법이 있다. 그 외채는 현재에도 유효하며 현재 홍콩 등지에서는 거래가 되고 있다.

그 채권은 데노미네이션의 영향을 받지 않는 것이다. 그 이유는 데노미네이션은 전후의 경제 상태에 대하여 행해지는 것이므로, 전전(戰前)에 발행된 천 엔짜리 국채는 데노미네이션 후에도 천 엔인 것이다.

그러나 난점(難点)은 전전의 일이므로 몇백억 엔도 발행되어 있지 않은 점이다. 겨우 '수억 엔' 밖에 없다. 그러므로 1억 엔 정도면 살 수 있는 가능성이 있다손 치더라도 10억 엔이나 20억 엔을 뭉쳐서 사 모은다는 것은 불가능하다고 하지 않으면 안 된다. 그런데도 1억 엔이 데노미네이션 후에도 1억 엔으로 통용되는 것이므로 100억 엔의 가치가 있다고 할 수 있다. 그렇다면 그 정도는 그다지 손해는 아닐 것이다.

## ■ 데노미의 맹점 일은(日銀)의 주(株)를 겨냥하라

그 외에도 반반의 가능성이 있다고 생각되는 것이 일본 은행의 주식이다.

일본 은행의 자본금이라면 막대한 액수라고 상상하기 쉬우나 불과 1억 엔인 것이다. 물론 그 1억 엔은 전전의 1억 엔으로 그 후에 한 번도 증자하지 않고 오늘에 이르고 있다.

그 일본 은행의 주식이 액면가 50엔인 주식이 2만 엔 정도로서 점두에서 거래되고 있다.

데노미네이션이 실시되면 각 기업은 모두가 데노미네이션 퍼센테이지만큼 감자(減資)하지 않으면 안 되기 때문에 자본금 100억 엔인 회사는 신자본금은 1억 엔이 된다.

그렇지만 그러한 비율로 일본 은행이 감자하게 되면, 자본금은 겨우 100만 엔으로 되어버린다. 전전에도 1억 엔이었던 것이 100만 엔으로 되는 것은 너무나도 불합리하며 첫째, 일본의 중앙은행의 자본금이 100만 엔이어서는 외국으로부터 실소(失笑)를 사게 된다.

그렇다면 일본은행은 전전부터 한 번도 증자하지 않은 대신 데노미네이션에 의한 감자도, 특별히 면제될 수 있을 것이라고 생각할 수 있다.

다만 그것은 어디까지나 있을 법한 일로서 확실히 데노미네이션의 영향 밖에 있다고는 단언할 수 없다. 내가 반반이라고 하는 것도 그 때문인 것이다.

일본 은행의 주식뿐만 아니라 전전부터 존재하고 있던 반관반민의 기업의 주식에는 일본 은행의 주식과 마찬가지로 반반의 가능성이 남아 있다. 그러한 것을 찾아내어 데노미네이션의 영향을 받을 것인가, 안 받을 것인가, 반반의 가능성에 기대를 걸어보는 것도 아무런 생각없이 데노미네이션을 그냥 넘기는 것보다 얼마나 좋을지 모르는 일이다.

데노미네이션만 하더라도 사람이 하는 일이므로 어딘가 구멍이 뚫려 있을 것이다.

# 108

## 누구나 부자가 될 수 있다

"나는 어쩐지 돈벌이에 인연이 없는 것 같다."

고 처음부터 비관하며 돈벌이를 체념하고 있는 사람이 의외로 많다. 노래를 아무리 해도 잘 부를 수가 없는, 음치(音痴)인 사람은 있으나 '돈음치'가 있을 수는 없는 것이다.

체념하는 것보다는 자기를 컨트롤하는 일로써 자기 계발을 행해야 하는 것이다. 그러기 위한 물리적인 방법은 여러 가지가 있다.

"돈을 벌고 싶다."

라고 종이에 써 놓고 아침 저녁 그것을 외치거나, 1만 엔권을 놓고 매일 아침 보거나,

"나는 부자가 될 것이다!"

라고 매일 자기에게 반문한다든지, 여러 가지 방법이 있다. 그와 같은 자기 계발은 상상 이상의 효과가 있는 것이다.

돈벌이 이외에도 그러한 자기 계발은 응용할 수 있다.

예를 들면 소위 '높은 분'을 만나면 말이 안 나오는 사람이라도, 자기 계발에 의해서 대등하게 이야기할 수 있게 되는 것이다.

"저 사람이 높은 분인지는 모르지만 나 역시 그 사람 이상으

로 사회를 위하는 일을 하고 있다.”

그와 같은 자부심을 가지는 것만으로 당당하게 대등하게 이야기하게끔 되는 것이다.

높은 분을 겁낼 필요는 전혀 없으며, 그와 마찬가지로 나에게는 돈 같은 건 인연이 없다고 돈을 겁내거나 비관하거나 할 필요도 없는 것이다.

## 109

# 서투른 총질은 할수록 손해다

일본 사람들의 장사하는 방법을 보면, 일부러 새들이 없는 곳을 지나치게 겨냥하여 총을 쏘고 있는 것 같은 생각이 자꾸만 든다. 이래서는 아무리 '서투른 포수 수없이 쏘면 맞는다'는 격언이 있다손 치더라도 맞을 리는 없다. 벌 수 없는 방향을 보고 아무리 열심히 뛰어봤댔자 벌이가 될 수는 없는 것이다.

일례를 들면 볼링이 그러하다.

미국에서 볼링이 '죽은 산업'이라고 불리게 되고부터 유유히 볼링장의 경영에 뛰어든 일본 경영자는 실로 많다.

나는 '금일 개업'이란 화환이 줄지어 있는 광경을 보면,

'아, 또 장례식을 치르는구나.'

라고 생각했었는데 현재 볼링장을 쉬고 있으므로 손해를 보고 있는 곳이 상당히 있다.

나는 일본에서 가장 사람들의 통행이 많은 긴좌 4가에 1호점을 개점한 이래, 항상 사람들의 통행이 많은 장소를 골라 햄버거 점포를 개설했다.

수렵에서 말하면 새들이 모여 있는 곳을 겨냥하여 강력한 산

탄총을 내리쏘아댄 셈이다. 그래서 히트한 것이다.

나의 사장실에서 망원경으로 보면, 긴좌 미쓰고시에 있는 우리 햄버거점에는 망원경의 시야로부터 빠져 나올 정도로 손님들이 떼를 지어 햄버거가 날개 돋친 듯 팔리고 있다.

최근에는 장거리 열차의 지정권을 사는 경우 이외에는 줄을 서지 않으면 손에 넣을 수 있는 것이 없다고 해도 과언이 아니다. 그런데 햄버거점은 어디를 가든 맥도날드에 관한 한 줄을 서고 있는 경우가 많다.

새들이 거의 없는 장소에서 낮잠을 자면서 오리가 나타나기를 기다리는 것은 바보들이나 하는 짓이다.

바보와 같은 짓을 하고 있으면 벌이가 안 될 것은 뻔하다.

# 세계 공통인 것을 찾아라

인간은 태어날 때에는 모두 알몸인 것이다. 그 알몸인 인간을 어떻게 금빛으로 번쩍번쩍하게 하는가가 돈벌이인 것이다.

태어났을 때부터 이미 무언가를 가지고 있어서 천상천하 유아독존이라고 하는 사람들에게는 석가(부처님)에 설법하는 격이므로 어드바이스 같은 것을 하고 싶은 생각은 없다.

알몸을 금빛으로 번쩍번쩍하게 해 보겠다고 생각하면서 무엇을 어떻게 해야 좋을지 갈팡질팡 갈피를 잡지 못하는 인간을 보면 힌트 하나라도 가르쳐 주고 싶은 생각이 드는 것이다.

내가 신봉하고 있는 <유대인의 상법>도 깊이 파고들면 인간의 상법인 것이다. 5천 년 동안이나 인지(人知)의 축적을 뒷받침으로 한 축적의 상법이기도 하다. 그리고 이론이 아닌 체험에서 도출된 실지의 상법이기도 한 것이다.

인간은 피부 색깔마저 다르지만 인간임에는 틀림없다. 그렇다면 세계의 인류에게 공통인 것이 틀림없이 있을 것이다. 그 세계 인류의 공통적인 것을 찾아내면 되는 것이다. 그렇게 하면 국경도 시대도 초월하여 어디에서나, 언제나 성공할 수 있는 것이다.